奇遇

赵琦 欧大明 张铭欢 著

北京出版集团公司

北京出版社

图书在版编目（CIP）数据

奇遇 / 赵琦，欧大明，张铭欢著. — 北京 ： 北京
出版社，2017.8
　ISBN 978-7-200-13195-6

　Ⅰ. ① 奇… Ⅱ. ① 赵… ② 欧… ③ 张… Ⅲ. ① 旅游指
南 — 世界 Ⅳ. ① K919

中国版本图书馆 CIP 数据核字（2017）第 176044 号

奇遇
QIYU

赵琦　欧大明　张铭欢　著

*

北 京 出 版 集 团 公 司
北 京 出 版 社　　出版
（北京北三环中路 6 号）
邮政编码：100120

网　　　址：www.bph.com.cn

北 京 出 版 集 团 公 司 总 发 行
新 华 书 店 经 销
北 京 华 联 印 刷 有 限 公 司 印 刷

*

787 毫米 ×1092 毫米　16 开本　15 印张　240 千字
2017 年 8 月第 1 版　2017 年 8 月第 1 次印刷
ISBN 978-7-200-13195-6

定价：68.80 元
如有印装质量问题，由本社负责调换

质量监督电话：010-58572393

在别人的故事里，与自己相遇……

美国
夏威夷

美国
新奥尔良

美国
洛杉矶

美国
休斯敦

美国
红杉公园

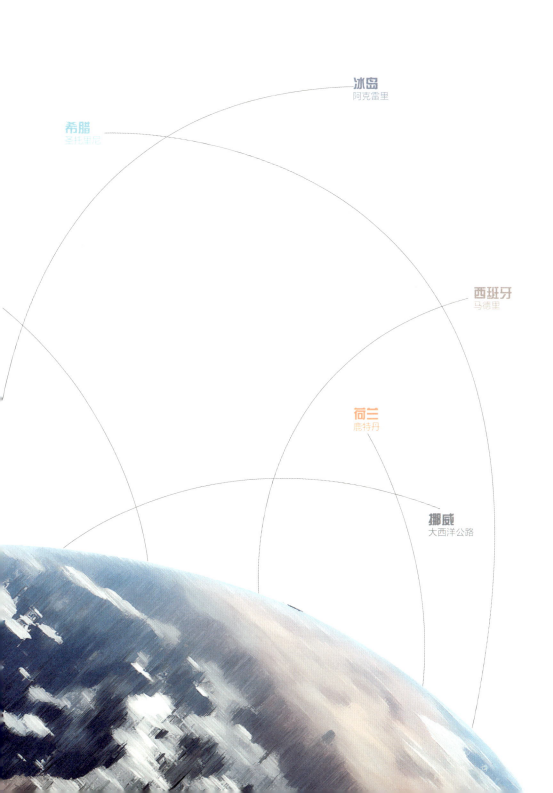

冰岛
阿克雷里

希腊
圣托里尼

西班牙
马德里

荷兰
鹿特丹

挪威
大西洋公路

序

《奇遇》，重新诠释镜头的意义

财经作家　吴晓波

作为中国最杰出的纪录片制作人和导演之一，赵琦的作品一直与现实有关，而且如一个尾随者一般地直面那些轻易不被撕开的现实，他制作的《中国市长》给我留下了深刻的印象。

而最近一年来，赵琦突然开始尝试 VR（虚拟现实）的技术，他的《奇遇》系列运用 VR 技术，以 360°全景的形式向我们重新诠释了镜头的意义。在其中一部关于最美书店的片子中，我仿佛亲身来到了那座希腊小岛，与主人公一起，置身于同一故事空间。

我深信，未来是一个被创意和技术共同推动的世界，两者恐怕缺一不可。在中国文化产业界，具备且能够娴熟运用此两种能力的人可谓凤毛麟角，期待着赵琦给我们带来新的视觉惊喜。

自序

致《奇遇》—— 送给好奇的眼睛

《奇遇》总导演　赵琦

做《奇遇》的初衷很简单，我希望尝试一些不同的影像创作。

在熟悉的地带久了，有一种浅浅的不安，那是肌肉缺乏锻炼导致行动缓慢和内心自以为依然能拔腿就跑之间的失落，也是创作被惯性规范成方正高效的标准件与它本身应有的蔓延之势之间的冲突，更是对曾经让人激动的轶事不再感兴趣的颓势与丧气。

好在技术的发展总能产生有效的刺激，越难搞，往往越有趣。我决定从零开始，学习用 VR 的环境讲故事。实际上，当我和团队把之前的经验都清空时，突然感觉到身轻如燕。VR 影片的特征是在观众眼前重塑一个全景世界，让他们沉浸其中，感同身受。我们选择了那些在地球各个角落中有趣的人，展现他们的故事，希望让大家偶尔能离开熟悉的地带，出门远行，探索未知。

人生是一场际遇，每个人的当下都是一副难以复盘的多米诺骨牌。当我们在时光中徜徉时，那些给生活带来拐点的人和事，都将是生命的奇遇。

通天之路——
在大西洋海滨公路旁
潜水
The Road to the Sky — Diving by
the Atlantic Ocean Road

导演拍摄手记

50 年前，一个在大西洋海岸生活的 10 岁少年被电影中的海底画面迷住，开始探索家乡的广袤海洋，36 年间潜遍了周边所有水域。从挪威最早一批的潜水证拥有者，到自己开办潜水培训学校，Olav 的生活和工作都与大西洋公路以及海洋密不可分。

60—81

食物的教堂——
鹿特丹的女朋友
Church of Food —
Girlfriend of Rotterdam

导演拍摄手记

鹿特丹市集住宅 Markthal 位于荷兰鹿特丹市中心的劳伦斯广场，是全球首个市场与住宅相结合的建筑。屋顶是一个容纳了 228 间公寓的拱形结构，内部含 1200 个停车位和 1 个超市。Markthal 以其霸气的拱形外表和绚丽的内部艺术装饰吸引了很多基本不下厨的小伙伴、热爱艺术的青年和打酱油的游客。

82—103

生活在别处——
世界尽头与冷酷仙境
Living Elsewhere -
The End of the World and Hard-
Boiled Wonderland

导演拍摄手记

冰岛海湾旁边那栋景致绝美的房子，见证了 Mirra 从一个女孩变成了一位母亲，屋中处处都有着只有她才知道的故事与细节。对于看腻了雪山与极光的 Mirra 来说，心中的渴望却是离开这个熟悉而寒冷的环境，奔向城市、奔向快节奏、奔向更多阳光和热情的地方。

104—129

改装车——
永不落幕的美国精神
Refitted Car —
The Never Ending
American Spirit

导演拍摄手记

有一个玩笑，说的是美国人最不能容忍的事就是在路上遇见一辆和自己一模一样的车。西海岸改装（West Coast Customs）最被人称道的，是他们不只通过更换零部件来提高车的性能，还能根据车主的喜好及性格，打造出世界上独一无二的汽车造型。这就是美国人的汽车消费心理，也是美国的汽车文化。

爵士传奇——
用浪漫表达人生
Legend of Jazz —
Express Life in Romantic
Terms

导演拍摄手记

门面破旧得像是黑奴时代的监狱，狭窄的场地旧得要死，连墙纸都剥落了，可就是在这间屋子里，有着最地道的新奥尔良爵士乐，这里孕育了路易斯·阿姆斯特朗和雷·查尔斯的新奥尔良爵士乐。在里面听音乐，犹如时光倒流 100 年。

去博物馆——给孩子意
想不到的快乐和成长
Go to Museums — Give Children
Unexpected Happiness and
Growth

导演拍摄手记

博物馆是一个建立在平等基础上的共享空间。在这个空间里面，知识和艺术是民主化的，每个人都有相同的机会去获取、去质疑、去体验。教育不是要装满一桶水，而是要点燃一把火。

这把火怎么点？带上孩子去博物馆吧！

后记

一生之城——西班牙老人和他的"垃圾大教堂"

The City of Life — A Spanish Old Man and His "Garbage Cathedral"

50年来，我只做了这么一件事，没有遗憾。

生命如果可以重新选择，我还是会建造教堂。

唯一不同的是，再建造的教堂，规模要更大，是现在这座的两倍大！

扫码观看本集 VR 视频

西班牙以文化、足球、艺术和建筑闻名于世，在这个热情的国家里发生的故事都有不同程度的疯狂色彩。

　　当我们发现这个故事的时候，它已经开始 50 多年了，并且尚未结束。

　　其实，一句话就可以总结这个故事：一位 92 岁的西班牙老人，花了 50 多年的时间，以一人之力建了一座大教堂。

疯子

在马德里郊外，有一个叫 Mejorada del Campo 的小镇，从 1963 年开始，当地的一个居民在自家的地盘上开始动手挖掘地基，当时没有人知道他要干什么。

54 年过去了，中年人变成了耄耋老者，原来的地段上，矗立起一座超过 40 米高的大教堂。镇上的人现在都习惯了，那是"疯子"胡斯托的杰作。

老人名叫胡斯托·加列戈·马丁内斯（Justo Callego Martinez），教堂叫圣玛丽亚教堂，人们更习惯称之为"垃圾大教堂"。

年轻时的胡斯托，当过农民和斗牛士，后来进了一个修道院，做了 8 年的修道士。

1961 年，他不幸染上了肺结核。由于是传染病，神父告诉他，修道院的人不接受他继续待下去，胡斯托不得不离开。

对一个虔诚的教徒来说，离开修道院比失去家更难受，加之肺结核在当时无法根治，他的生命似乎进入到一种无望的状态。也是从那个时候开始，他便萌生了一个念头：没地方去，那就干脆修建一座属于自己的教堂。

∧ 教堂并不精致，但一砖一瓦都是胡斯托亲手所建

一生之城——西班牙老人和他的"垃圾大教堂"

^ 点烛祷告是胡斯托每天的必修课

"垃圾"

胡斯托刚开始并不缺钱，上代人留给他的遗产足以让他度过安逸的一生。他为了购买建材、装备和基本的用料，很快就把钱花光了。买不起建筑材料，他只能去各地收集废品作为原材料。

他很认真地说："每天早上 4 点多就起床，去一些建筑工地找半截的砖头，有些人要给我一些完整的砖头，给我可以，但如果花钱我就不要，我只要半截的。"旧纸箱、旧电线、管子，各种人们扔掉不用的东西他都能神奇地把它们变废为宝，让它们成为这座教堂的一部分，继续发挥着余热。

无数个日日夜夜、春夏秋冬，他从未停下。对于老人来说，这些垃圾和废品有思想、有信仰，而老人还想知道，一块有了上帝旨意的废品能"走"多远。

神迹

两年之后，胡斯托坚信自己看到了神迹：他的肺结核病不治而愈！他坚信这是上帝的指引，指引他不要放弃自己的信仰。于是他下定决心，即使要花费一生，也要完成这个心愿，建好这座教堂。

1963 年，他打下了教堂的第一块基石。他不是工程师、不是建筑师，没有任何建筑方面的知识储备，所以没有任何正规的设计图，更没有周密的施工计划。他就这样开始，"建房子就是从下往上建嘛，没有什么难的"。

> ❝50 多年前，我开始动手建这座教堂，人们都认为我疯了，一个人怎么可能建成一座教堂？❞

∧ 胡斯托年逾九十，依然精神矍铄

信仰

　　半个世纪以来，胡斯托没有家人的陪伴与照顾，凭借自己一个人的力量，用流淌在灵魂里最细水长流的坚持，建起了这座令人肃然起敬的教堂。

　　从现在的完工程度来看，胡斯托肯定看不到教堂完工的样子了，可是他也从未想过要放弃，于他而言，放弃这座教堂，就等同于放弃他内心的信仰。

　　即使这座教堂还没有完工，或许即使完工了也比不上马德里许许多多豪华气

派的教堂。但这座教堂里的一砖一瓦都有它们的责任和使命。它们本来只是被舍

弃的废品，是老人给了它们第二次生命，如今它们传递着老人的坚持和对上帝的

信仰。

　　垃圾大教堂，散发着力量、坚持与信仰的光芒。

导演拍摄手记

第一次去马德里郊外的 Mejorada del Campo 小镇寻找胡斯托老人时，我们是绝对意义上的不速之客，也是一场真正的赌运气之旅。

虽然穷尽各种手段，但是我们没有找到能够联系上老人的电话、邮件、Facebook 之类的任何联系方式，但必须要去，非去不可。

这是我们第一个决定要拍的故事。

"垃圾大教堂"的故事最初来自朋友圈，被总导演和制片人看到以后，他们每天都在嘴边念叨：我们就是要拍这样的故事，或者类似于这样的故事。

∧ 对于异乡游客来说，小镇最平凡的屋顶都充满吸引力

1

马德里既是一座城市，也是一个省份，还是西班牙 17 个自治区之一。

Mejorada del Campo 小镇就在离马德里市中心 45 公里的东南角，我们第一次前往的时候选择了公共交通。我给自己的理由是，不远不近的距离，晃晃悠悠大概需要 2 个小时，这使我能有足够的时间去整理和消化自己的忐忑，因为从来没做过这么"不靠谱"的拜访：不知道老人的任何联系方式；不知道老人会不会接见我们；不知道他现在身体怎么样；不知道他现在还干不干活；即便一切顺利，也不知道他的表达能力怎样……总之，所有的问题都没有一个笃定的答案。

抵达 Mejorada del Campo 小镇的过程非常顺利，跟西班牙其他著名的风情小镇相比，它显得有点其貌不扬：没有商场超市，鲜见酒吧饭馆，整洁而安静。像我们这种陌生外来者的突然到访，显然就是某种程度上的惊扰。

到达小镇寻找教堂是轻而易举的事，只要稍微转上几分钟，简单的几条街道布局便会了然于心。而我们心心念念的"垃圾大教堂"，就在两条主要街道的交会口，对于这个小镇的规模来说，教堂算是大型建筑了。

虽然在网络上看过无数次图片，但当我们第一次走近时还是不得不叹服。教堂位于十字路口处，是一栋整体呈棕红色的大型建筑。墙体由千百万块断砖组成，排列得整整齐齐，可能是当地的特色，每块砖上都有 6 个小孔，统一朝外，因此形成了密密麻麻的小孔，看上去竟然像极了蜂巢。脚手架还在外面立着，屋顶也没有完工，很多地方还裸露着钢筋和铁丝。显然，这栋建筑正处于进行时，当时的时间大概是下午 4 点钟，但四处无人，安静至极，我们只好小心翼翼地进入教堂内部。

下午 4 点，我们是掐着时间点到来的，心想这是最有可能遇到老人的时间段。

∨ 教堂还未完工，依然每天有人前来参观

西班牙夏日的白天时间格外漫长，大概要到晚上 10 点才完全天黑，习惯了晚起的西班牙人上午似乎做不了多少事情。以马德里为例，他们的中餐时间一般在下午 2 点，扣除老人的午睡时间，如果老人身体还好的话，心想无论如何下午 4 点也应该干活了，但是进入教堂之后，发现里面还是空无一人。

教堂主楼分上下两层，还有一个地下室，旁侧还有裙楼和庭院。由于主人不在，我们不敢肆意乱走，只好在主厅内观摩着这栋红遍了网络的"垃圾大教堂"。

置身其中，才明白了"垃圾大教堂"所言非虚：虽然穹顶的高度比想象的更宏伟，但墙体的砖头几乎没有一块完整的，窗户的弧度也并不是那么圆润，两边墙上的壁画，一看就是初学画画者的水平。让我们颇为担心的是二楼环廊的所有支柱几乎都不是直的，真让人担心随时都会倒掉，同伴开玩笑，说他不用太用力就可以一掌把那些柱子劈断，我深以为然……

▽ 墙上的壁画，一看就是初学者的水平

第一次见到胡斯托，标志性的着装让我们一眼就认出了他

2 还是极其幸运，我们到达后不到半小时，一个熟悉的身影从里屋出现了：永远不变的红帽子，总是沾满泥浆的蓝色工装服，高个子，清瘦的身形，没错，他正是我们要找的胡斯托老人。

幸福来得太突然，我们一行三人竟一时间愣住了，他也似乎看到了我们，却并没有要理睬我们的意思。后来才知道，对于类似于我们这样三三两两的游客，教堂每天要出现好几拨。对老人来说，早已是司空见惯。

发愣仅仅持续了几秒钟的时间，我们的西班牙语翻译星月姑娘赶紧上前，准备向老人说明我们的真诚来意。还没等开口，老人表现出了一种拒绝的态度：他指了指自己的耳朵，又指了指嗓子，还摆手示意。

什么意思？耳朵不好使？嗓子不舒服？不要跟他说话？

星月是一个伶俐的姑娘，用最简短的几句话留住了老人：我们是专门从中国来这里拜访您老人家的，

教堂局部

教堂天顶

摄制组听安赫尔讲述他的经历

教堂外的圣母像

由于没有电话，只好径直跑了过来，想把您的故事和教堂拍摄下来。老人在我们面前停住，摆出了一个后来我们特别熟悉的姿势：用手捂着嘴，皱着眉头看着我们。然后转头径直走回了他刚才走出来的那间屋里。

咦！同伴开玩笑，老人家不是要回屋拿笤帚赶我们走吧？

很快，老人又出现了，带着一个中年人，老人向我们说，拍摄的事你们跟他说吧！我们隐隐觉得有戏，老人家还挺专业，配了经纪人？后来才知道，中年人是胡斯托老人的忘年交，建教堂没少出力，老人已将自己去世之后的教堂所有权交给了他——一个叫安赫尔的中年人。

此次前期踩点，我们给各位故事主人公准备了一个小礼物，价值十几块钱的故宫的扇子，并把上面写着"朕即福人"的一把送给了老人。跟他解释字面的意思，胡斯托第一次露出了没有收敛的笑容。

胡斯托在工作空隙小憩

< 胡斯托和他的得力助手，
教堂继承人安赫尔

3

真正的拍摄是一个月之后。在 2016 年 8 月，我们在教堂与老人和安赫尔度过了非常散淡的 3 天。

胡斯托跟我们聊他的过往：他出生于 1925 年，由于是地主的儿子，所以在 10 岁之前，一直过着衣来伸手、饭来张口的大少爷日子。但好景不长，1936 年 7 月爆发的西班牙内战，打断了胡斯托的安逸生活，也中断了他的小学生涯。就这样，地主家的儿子在战火中度过了他的少年和青年时光。

再后来，从 25 岁起，胡斯托成为一个苦修士，患上肺结核，被赶出修道院，病症不治而愈，决定修建教堂……其间，生命里所有的转向、变化和起伏，在我们看来，算得上是各种机缘所致，而胡斯托告诉我们：他生命的全部，全是上帝旨意的安排，他的生命就是为了修建教堂而存在的。

我在拍摄的短短 3 天里感受到他作为一名终身修士的虔诚。2016 年 8 月 15 日，圣母安息日，是天主教极重要的节日之一。那天，我第一次看到胡斯托老人换下了他那标志性的蓝色工作服，穿上了白衬衣，外套一件笔挺的呢子大衣。早晨，他从小镇坐车到马德里市区的一家天主教堂做祷告。

事后我们问他："你不是每天在小镇上的教堂做祷告吗？今天为什么要这么早跑到市里来？"他说镇上的祷告时间比市里晚了一个小时，他希望在这个重要节日里做第一批祷告者，为此多跑了近百里的路程。

最后一天，闲聊时我们问："这座教堂应该在您的有生之年建不完了，遗憾吗？"老人很惊讶："为什么要遗憾？我倾一生之力做它，是因为这是我必须要做的事情，做完与做不完并没有区别。"言语之中，胡斯托老人的神情还是充满骄傲，"建不完一点也不影响它是一个杰作，在我们隔壁的城市，不也有座没建完但也还不错的教堂吗？"

我们心领神会，他说的是巴塞罗那的神圣家族大教堂，高迪的作品。其实，我认为，像我这种没有信仰的人，并不足以理解这个故事，也不足以完全理解胡斯托这个人。我和他的精神世界有十万八千里的距离。

拍摄完胡斯托的故事之后，我曾环顾自己，欲寻生命的意义、精神的源力，终究不可得，越寻找越是枉然，最后变成失落。所以，当胡斯托说建不建成都不会遗憾的时候，在那一瞬间，胡斯托与高迪，并没有区别；在那一瞬间，胡斯托的头顶，的确有光。

岛上书店——
通往悬崖尽头的最美书店
Island Bookstore —
The Most Beautiful Bookstore
to the End of the Cliff

"我并不是不喜欢人，只是不喜欢那些匆忙得没有时间的人。"

"希腊，岛上，书店，只要这三点符合就是满意的。"

"对我而言，'不坏'就是'足够好'。"

扫码观看本集 VR 视频

奇 遇

有一个这样的逻辑：

如果你去过希腊的圣托里尼岛，那你就一定在伊亚镇（Oia）的悬崖尽头看过那里的落日。

如果你看过伊亚的落日，就一定会经过我接下来要讲的这个故事的发生地：亚特兰蒂斯书店。

书店拥有一个极好的地理位置，好到只要到了岛上，你就会看到它的程度。绝大多数的人看到了，不以为然，匆匆而过；也有极少的一些人会推开木制的栅栏，随着盘旋的台阶逐级而下，再低头进入书店的地下空间。这个过程中，你很可能会遇到一条慵懒的挡道黑狗或者是一只更慵懒的花猫；那么恭喜你，你来到的是"全球最美的20家顶级书店之一"（日本作家清水玲奈语）。

如果暂时还没有去过圣托里尼，那么正好，我认真说，你将就听。

∧ 碧海蓝天白房子，是圣托里尼的身份象征

邂逅

这个故事的核心是书店创始人 Craig Walzer，一个生活在圣托里尼、来自英国的美国田纳西人。

来到圣托里尼，对 Craig 来说，是一次失误，或者说是错误。

2002 年的春天，还在英国剑桥读书的 Craig 和他的朋友 Oliver 来到希腊度假，两人搭乘早上的第一艘船，原计划前往希腊东南部的一个港口城市 Piraeus。结果阴差阳错，他们来到了圣托尼里这个小岛。

当时的圣托里尼，还是一个无名的荒凉火山岛，火山岩的地质注定了岛上长不出高大的树木，也没有丰茂的植被，只有稀稀落落的当地人和不成规模的白房子散落在岛上。当时的落日，还没有被美国的《国家地理》杂志评为全球最美，当时的圣托里尼也不是浪漫和爱情的代名词。

但是文艺青年 Craig 和 Oliver 迅速喜欢上了这里，他们骑车逛遍整个岛屿，累了就喝酒、看书。但是，直到第四天或者第五天的时候，Craig 发现随身带来的书读完了，并且他们马上发现，整个圣托里尼岛，竟然没有一家书店。所以，在接下来的日子里，Craig 和 Oliver 每天必做的两件事中，只剩下一件——喝酒。

希腊不是西方文明的源头吗？不是欧洲人的精神故乡吗？在这个源头和故乡，怎么看不到一本书呢？

Craig 并不是一个书痴，他只是觉得有些失落。美丽的圣岛，应该有一个美丽的书店才对。

66 独立、自由与浪漫，从来是我
们希望企及的梦，有人揣在心中，
有人走在路上，有人已经抵达。 99

灵感

在一次酒后回旅馆的路上，Craig 对 Oliver 说："我们在这里开个书店吧！"

Oliver 头也没回，但回答干脆得近乎轻描淡写："好，这主意太好了！我们就叫它亚特兰蒂斯书店（Atlantis Books）！"

亚特兰蒂斯，传说中拥有高度文明的古老大陆，在史前一万年前毁于洪水。有传言说，那片大陆就在爱琴海的海底。没有人相信，也没有人反驳，这些无法证实也无法证伪的传说，倒是给这个岛屿、这家书店带来一些茶余饭后的谈资。

这场对话发生于 2002 年，14 年后的 2016 年，Craig 回首往事，再次向我们提及，"很多人去一个地方，就会觉得自己属于那里。这是旅行者常有的心理，我们以为自己也只是说说，待我们离开这个荒凉之岛，这个念头就会自动消失。"

但是没有。

短暂的旅行很快结束，开书店的念头越来越强烈。

在返回英国之前，Craig 和 Olive 特地去了雅典，找到了美国大使馆的商业服务办公室，两个年轻人咨询了一位名叫 Eleni、满头白发的女士，一群美国人在希腊开一间书店需要做些什么。

"非常容易，"白发的 Eleni 用希腊语告诉他们，"你去税务局，他们会给你几张纸，你拿去盖章。然后再买一个收款机，放在桌子上，这事就成了。"

∧ 对美景不以为然的也许只有圣托里尼的猫了
∨ 纯正、极致的颜色是圣托里尼的灵魂之美

∧ 毛驴曾经是当地最重要的交通工具　　　　∧ 圣托里尼岛上充满维纳斯式的浪漫

奔波

　　一年后（2003 年）的圣诞节，一辆蓝色的福特 Van（一种箱式的客货两用汽车），载着一车的书，载着 Craig 和 Olive 新召集的另外两名合伙人，载着一年前他们在圣托里尼酒后的梦想，从英国的剑桥出发，穿越整个欧洲大陆，到达希腊雅典，直奔税务局。他们希望能顺利拿到开书店要用到的"那张纸"和"一个章"，他们甚至看到了理想书店的模样。

　　但是实情并不是这样，税务局的人给这帮充满激情的年轻人浇了一头冷水：开书店并不是你们说的那般容易。

　　希腊文明的血液里流淌着浪漫和诗意的强大基因，这是与高效、快速相背离的一种文化。

　　所以，Craig 和他的小伙伴们经过了几个月的烦琐手续，经过灰心得快要放弃的折腾，终于在 2004 年的春天，书店开业，名字就是 Olive 酒后取的那个：亚特兰蒂斯书店。

∧ 亚特兰蒂斯书店正门的陈设颇有艺术气息

> 每年七八月，全球各地的人们会涌向岛上，只为一睹世界上最美的落日余晖

" 随着圣托里尼的名声越来越大，来自世界各地的游客也越来越多，书店成为岛上海天风景之外的另一道美景。"

坚守

书店的开始并不顺利，他们遇到过所有创业者遇到过的问题：因欠房租而被房东赶；女友爱上了别人；有人觉得无望而离开……但我们今天不是要讲一个励志的创业故事，并且，沮丧的时期并没有持续太久。

慢慢地，有人来了。

随着圣托里尼的名声越来越大，来自世界各地的游客也越来越多，书店成为岛上海天风景之外的另一道美景。

慢慢地，也有人走了。

第二年，Olive 离开了，带着他在岛上遇到的漂亮的希腊女友。

第四年，其他两位合伙人也走了，回到美国去当地的银行工作。

但唯一保持不变的是，到今天为止，亚特兰蒂斯书店的主人仍然是最初 4 个人的名字，早期离开的其他 3 位，偶尔会带着家人、孩子从外地来到岛上，偶尔也会在经济上支持书店的经营。

只有 Craig 至今仍在坚持，他多次说到一个词：不撞南墙不回头。南墙就是阻碍书店发展下去的那个困难，"直到今天，我可能还在等着那堵南墙。"

∧ 亚特兰蒂斯书店坐落在通往岛屿尽头的必经之路上

世界最美书店

亚特兰蒂斯书店似乎是从某篇文章发表后开始出现在公众视野的。

文章的作者是 Craig 的一个老朋友，对方在英国的报纸上发表了一篇关于《最爱的 10 家书店》的文章，并把亚特兰蒂斯书店写成他最爱的一家书店，然后放在了网上。

后来，就是当地的报纸转载、网络传播的"最美书店""最浪漫书店"，美国的《国家地理》杂志甚至还把它列入全球最美独立书店的榜单。

再后来，就变成了现在的样子：圣托里尼成为世界级的度假胜地，岛上像样的书店依然只有 Craig 经营的亚特兰蒂斯。

每年来到圣岛的旅行者，有八九十万人，熙熙攘攘的人群，很多人会匆匆而过，少数人会驻足停留，更少数的人会信步走进书店，然后与 Craig 聊起以上这个故事。

导演拍摄手记

一边是沉静幽蓝的爱琴海，一边是荒凉冷酷的灰色火山岩，并不平坦的公路沿着山体的曲线蜿蜒前进。来自世界各地的人开着租来的汽车呼啸而来，呼啸而去，奔向岛屿的尽头，去看一眼号称世界上最美的落日余晖。更多的人，准确来讲是更多的女人、年轻的姑娘们，顶着炎炎的夏日，只穿着短裤背心，脚跨着两轮或者四轮的摩托，把油门加到最大，带着高分贝的尖叫，从你的身边掠过，经过时她们会甩给你一个飞吻，然后扬长而去……她们的皮肤在阳光下闪闪发光，头发在夕阳中狂舞，笑声则在整个岛屿的上空飘荡，我以为，这是圣托里尼极美风光中最闪亮的一道。

1

在真正到达圣托里尼之前，我对这个地方的所有印象只有一个：蓝顶清真寺、白房子、蓝色的爱琴海。

心想，这是一个跟浪漫、度假、风月这些字眼相关的地方，这里适合滋养似真似假的爱情、产生若有若无的暧昧。

总之，从明信片或朋友圈的照片来看，这是一个浓情蜜意的温柔乡，是更适合女人产生幻想的岛屿。

就自然景观来说，我更向往粗犷、广袤、刺激的荒野之地。若不是因为拍摄的故事亚特兰蒂斯书店正好在这个岛上，很难想象，我和几个男人会在 3 个月的时间内 3 次来到这个岛上，以至于最后一次到来时，我们能够像当地人似的给别人指路，知道哪有免费的停车场、谁家的馆子更美味、在什么地方看夕阳更得劲儿。

初次登岛，是在 2016 年 6 月，圣托里尼即将迎来每年的夏季狂欢。

我们在费拉落脚，圣托里尼岛的首府，其实就个小镇，很小。

∨ 恋人至此，爱情似乎变得更甜

2

租车之后奔向伊亚，伊亚是圣岛最北端的另一个小镇，明信片上的风光大都取自这里，而我们要寻找的亚特兰蒂斯店也在伊亚。

你要问我们为什么不直接住在伊亚？

哦，是这样，如果装腔作势一点，回答是：在圣托里尼岛上，住在哪里的区别，本质上就是离大海1米还是1000米的区别。喜欢推窗见海、枕着涛声入梦的人，可以住在海边的那些白色小屋里；如果没那么喜欢浪，你可以住在离海远一点的白色小屋里，我就是那个不那么喜欢浪的人。

其实真实的答案是：价格。

离海1米的价格是8000块，离海1000米的价格是800块。

Craig是亚特兰蒂斯书店的创始人，第一次见到他时，他正在生气。原因是当天他找了几个当地人干活，想在书店露台上搭一个遮阳棚，安置几把椅子和一张桌子，方便游客停留和闲坐。结果几天下来，

∨ 摄制组入住的 Airbnb，岛上最不缺的就是海景

活儿干得粗糙，油漆的颜色也很难看，他要求干活的人重做，但对方觉得自己的工作没有问题，反而觉得很满意，双方的审美出现分歧。

"这就是希腊人，喜欢按自己的标准来做事，可我是付钱给他们的呀。这是我十多年来第一次请他们当地人干活，以后再也不会了。"Craig 对我们摇头耸肩，很强烈地表达不满，然后把杯中酒一饮而尽。

∨ 亚特兰蒂斯书店店主 Craig Walzer

为何选择一家独立书店作为我们的讲述对象？

一个明显的弊端是，选择这样的题材，就注定不会是主流的、畅销的，因为现在的大众消费中，鲜少有人去消费书店，鲜少有人会关注一个远在万里之外的独立书店的故事，我们听到的，都是书店倒闭的故事。

与弊端相比，这个题材同样具备着很强的吸引力：独立、自由与浪漫，从来是我们希望企及的梦，有人揣在心中，有人走在路上，有人已经抵达。

Craig，中等个子，大夏天也戴着一顶鸭舌帽，眼镜是圆形，满脸的络腮胡子，乍看上去竟有点像约翰·列侬。

我们站在亚特兰蒂斯书店的露台上，眼前是川流不息的人群，转过身，便是静谧得近乎神秘的爱琴海。酒精在海风的吹拂中发酵，我们聊了很多工作之外的事。

Craig 似乎更接近抵达梦想的人：岛上书店、凭海临风、杯酒人生。但似乎又不完全对：

他曾失恋多次，最近有一个新交的女友，高兴地对我们说这次是真爱。

他没有住处，只能蜗居在书店阁楼用木板搭建的简易的床上。

他除了这家书店，物质上几乎一无所有，他的收入全靠每天的营业额。

但他就是这样生活了 15 年，并且对我们提出的问题充满疑问，这些中国人为什么有这么多的担心呢？

我问了 Craig 一些非常现实的问题，"生意好不好""房租贵不贵""吃饭、看病、谈恋爱怎么办"诸如种种。

"人们总是问生意怎么样。生意还是不错的，像今天，有很多人来买了很多很好的书，具体卖了多少本还不知道，但是到晚上打烊的时候估计和往常一样，是不错的，对我们来说不错就很好了，只要我们可以坚持做我们喜欢的事，把店开下去。

"晚上的时候可以有钱买晚饭，一边吃一边聊聊白天的事，再来杯葡萄酒，我们就很高兴了。"

Craig 是个随性的人，喜欢喝一杯，当他说到这里的时候，我们还是看到了一个书店经营者的心态，他非常清楚独立书店在当今时代下的命运，但他没有去抱怨或者是抗争，他的愿望只是能把书店开下去。

但是事实上，他的这个理想能否一直保持下去，也并非完全笃定的事，因为书店的房东告诉 Craig，他在考虑把房子是否租给一个珠宝店，房租比现在多很多。

Craig 摇晃着杯中的酒，看了一下熙熙攘攘的街道说："这个地方已经被旅游业占据了，现实是这条街上不需要一个书店，而是珠宝店、宾馆、高档饭店，房东也说有人想投资做一家珠宝店，我们也想尽办法能够继续生存下去，但是如果真的哪天撞南墙了，我们不得不卷铺盖回家，这段经历至少可以让我们讲讲在希腊南部岛上开书店的故事。"

∨ 书店任何一个角落都被 Craig 利用起来

∧ 如今，岛上书店是文艺青年们经常光顾的地方

∨ 置身书店，能感受到这处静谧之地蕴含的诗意

∧ 导演欧大明、刘航诚与店主 Craig

3

萨姆·埃布尔在《大地的诗》中说："旅行者的脑袋里，总是转着各种各样的可能性。繁忙拥挤的公路、不知何人居住的房间和长久的等待——这些都隐含着远离故乡、远离熟知的一切信息，也更接近于爆发诗意的各种可能性。"

我想说一下诗意。这个词，是通过 Craig 和岛上的一些其他故事给激发出来的。

圣托里尼，原本是一座圆形的岛屿，3 500 年前的一次火山爆发，导致了大面积的地面塌陷，变成了现在月牙形的样子，随后几千年里几百次的火山爆发，使得全岛的陆地上覆盖了 60 米高的火山灰。所以，现在看上去美丽的圣岛，以前根本没有植被，也没有水源。从自然条件来看，这并不是最适合人类生存的地方：直到 20 世纪 90 年代，圣托里尼才有了淡化海水的工厂；直到近几十年，才有了零星生长的树，和一些生命力顽强的植物，如仙人掌、葡萄、三角梅和野草。

在荒芜的地方出现生机，本身就是一种诗意。

在随波逐流的时代逆流而上，同样也是一种诗意。

"你们来得很不巧，整个 8 月我都不在岛上。" Craig 听我们说明来意之后，得知我们希望在 8 月份拍摄他的书店故事时，他摊了摊双手告诉我们，8 月份他要和女友去葡萄牙度假，那里人更少。"不只是今年，我每年 8 月都会离开。"

"为什么是每年的 8 月呢？"我们问。

"因为每年 8 月，圣托里尼岛上的人实在太多了。" Craig 回答。

"你不喜欢人多热闹吗？人多才能给你的书店带来生意呀！"这是我们的真实疑问。

"不是不喜欢热闹和人多，相反，我特别喜欢与来自全世界各地的人交朋友，但是很多人，我觉得他们来错地方了。"

4

我曾问 Craig，你在岛上 15 年，有什么游客不知道的，你自己独享的地方吗？

他没有直接给答案，而是分享了他的一个私房体验，"岛上已经没有秘密的地点了，但是我有属于自己的一些私密时刻。在有些夜晚，我会端一杯酒，坐在阳台上看着地中海，可以看一整个晚上，直到天边出现了鱼肚白，载着游客的轮船从远方驶过来。"

"那种体验是别人没有的，那是属于我的时刻。"

有一天傍晚，我们在 Craig 的阳台喝着啤酒。

我们开玩笑对 Craig 说，你的书店不是有很多荣誉吗？诸如"最美书店""十佳独立书店"之类的名号，你把它们做成几块牌子立在路边、挂在墙上，一定会吸引更多的人；再不然，你下载一个微信，每天发朋友圈。

看得出来，他要疯了，在一连串夸张的"NO"中结束了我们的故事。

在他的书店里，有一本古老版本的《瓦尔登湖》。

临行之前，他在书中翻找了其中的一段给我们看，并念出声来：

"如果你满心欢喜地去迎接每一个清晨和夜晚，如果生命像鲜花和清馨的芳草一样散发芬芳，从而更加富有活力，更加星光璀璨，更加神圣不朽——那便是你的成功。"

∧ 店主 Craig，乍看上去竟有点像约翰·列侬

通天之路——
在大西洋海滨公路旁潜水
The Road to the Sky — Diving by the
Atlantic Ocean Road

海洋生物、海底断层、洋流、沉船、海藻丛林为他打开了崭新的世界。

通往不知名地点的陌生公路总是给我带来神经上的兴奋。

一道阳光打在公路左侧山崖之下，那个普通的村庄无异于人间仙境。

扫码观看本集 VR 视频

　　50 年前，一个在大西洋海岸生活的 10 岁少年被电影中的海底画面迷住，开始探索家乡的广袤海洋，海洋生物、海底断层、洋流、沉船、海藻丛林为他打开了崭新的世界。36 年间他潜遍了周边所有水域。从挪威最早一批的潜水证拥有者，到自己开办潜水培训学校，Olav 的生活和工作都与大西洋公路以及海洋密不可分。

　　转眼公路已通车近 30 年，来往行驶的车辆带来了游人也默默带走着时光，少年变成大叔，幸好童年的爱好仍在。

∧ 大西洋海滨公路，挪威国内习惯称之为 64 号公路

为一条公路而来

　　挪威全称为挪威王国（The Kingdom of Norway），意为"通向北方之路"，是欧洲纬度最北的国家。挪威的领土狭长，沿海岛屿很多，又被称为万岛之国。挪威特有的峡湾景色被某国际著名旅游杂志评选为"保存最完好的世界最佳旅游目的地"和"世界美景之首"。

　　地球上有很多跟上帝相关的美景，诸如"上帝的眼泪""上帝的后花园""上帝的私家相册"，打着这样旗号的地方并不少见。这次我们探访的是被称为"上帝的故乡"的斯堪的纳维亚半岛，半岛上的北欧四国，成为遥远而神秘的某种象征。

　　吸引我们的是一条公路，一条不断被赞誉、被传播的通天之路，它因蜿蜒崎岖的道路和沿途的自然美景，曾被英国《卫报》评选为"世界最佳公路旅行目的地之一"。

　　这条路的真正名字是大西洋海滨公路（Atlantic Ocean Road 或 Atlantic

∧ 从空中俯瞰，大西洋海滨公路像一条婉约飘逸的丝带

Road），是挪威 64 号国道的一部分，其实真正被称为"最美公路"的部分只有 8.6
公里左右，这一段又被称为"挪威国家旅游公路"。

能拥有如此盛誉，原因有两点：

一是大西洋海滨公路呈"之"字形，不仅穿越了 12 座稍微高出海面的低桥，
而且横跨了西部峡湾莫尔德（Molde，这里因每年 7 月的爵士音乐节而闻名）和
克里斯蒂安松（Kristiansund）之间的所有岛屿。如果从空中俯瞰，公路像一条婉
约飘逸的丝带，串起了大海与岛屿，远处的雪山、森林、草甸、村庄，也都尽收
眼底，挪威这个国家的经典景色在一个画框里一览无余。

另外，公路本身的设计独具匠心，其中有一处"断尾桥"是其标志，说好听
点叫"通天之路"，粗糙一点的说法叫"死路一条"。因为从某一个角度看过去，
公路延伸到半空，突然便断掉了，成为绝路。这其实是设计师利用视觉误差，将
桥身拧成一定角度，当车开近时，感觉已经无路可走了！ 2013 年有一名以色列游
客驾车在海滨公路上时被巨浪卷入海里，因此这里也被称为"最危险的公路之一"。

∨《海豚飞宝》小男主角和他的玩伴——海豚 Flipper

∧ 影片中探索海底世界的场景给童年的 Olav 带来巨大的震撼

一部电影改变了少年的一生

在挪威莫尔德旅游局工作人员的大力相助下，他们向我们介绍了 Olav："Olav 是我们这里的导游、渔民，也是挪威最早的潜水员之一。"更重要的是，Olav 的家就在最美公路的路边小岛上，自从这条公路建成之后，以前散居在各小岛的渔民都陆续搬到村庄和小镇，现在最美公路精华段 8.6 公里的范围内，真正的原住民，只有 Olav 一家。

Olav 的故事原本是经典的挪威特色：从小生活在岛上，祖祖辈辈靠打鱼为生，这里的海域里有着世界上最好的三文鱼，一个渔民之家可以凭借捕捞过得有滋有味。

但是 Olav 后来把自己的人生故事拧了一个弯：他并没有以捕鱼为生，而是成了挪威最早的潜水者，自己还开办了一家潜水培训中心，既带领外来游客潜水，也进行潜水培训。

影响 Olav 人生发生改变的，是 Olav 童年的某个时刻：八九岁的时候，Olav 在电视机里第一次看到了美国电影《海豚飞宝》（Flipper），丰富而奇妙的海底世界给童年的 Olav 带来了巨大的震撼。无与伦比的色彩，数量巨大、种类繁杂的各种鱼类，充满危险和吸引力的海底地貌……一部电影，就这样让一个孩子对海底充满了向往，并伴随着以后的全部生活。

> **"** Olav 从家附近开始潜，慢慢地潜向更远、更深的地方，发现新的鱼类，探访神秘的沉船，在神秘幽暗的水藻森林里把自己想象成一条鱼。**"**

∧ 潜水给人呈现出不一样的迷人世界

　　来自海底的诱惑吸引着少年 Olav，整个少年时代，Olav 离开这座小岛，在城镇的学校学习，但是到了 18 岁成年之后，Olav 做的第一件事情就是去学习潜水，考得潜水证，然后一头扎进了盼望 10 年的北大西洋海底。

　　潜水的乐趣就像毒品般让人着迷，让人不能自拔。

　　Olav 说过，一个人真正喜欢上潜水之后，就很难会再爱上别的什么。就这样，Olav 从家附近开始潜，慢慢地潜向更远、更深的地方，发现新的鱼类，探访神秘的沉船，在神秘幽暗的水藻森林里把自己想象成一条鱼……他自己也慢慢从一个少年，潜成了一个中年。

　　摆脱不了海洋，准确地说是摆脱不了海底的魅力。1981 年，本来在小镇生活的 Olav 搬回了他出生的这座小岛，也就是此次我们拜访的这座小岛。这一年，他在这里开办了潜水中心，这是挪威最早的潜水教学场所之一，为了宣传潜水，他曾自己印刷名片和广告，去俄罗斯、瑞典、芬兰、意大利、德国进行各种潜水讲座，也到世界各地的海洋中去潜水。

童年往事和未来心事

回首往事，Olav 最乐意聊起的就是当时艰难而快乐的时光："当时没有这条公路，每次顾客来，我都要把他们从大陆接到这个岛上来，很费事，无论阳光灿烂的夏天还是飘雪的冬天，全年无休。"虽然艰苦，但是跟得到的收获相比根本不算什么，"美丽的海底断层、迷人的洋流潜水、茂密的海藻森林、种类繁多的鱼类、充满神秘色彩的沉船，它们总是促使你一次次地下水，百'潜'不厌。只有在我们这里，才可以在潜水过程中看到虎鲸！"

"可以说，是《海豚飞宝》影响了我的爱好，以至于改变了我的生活。我很庆幸在那个时间、那个年龄看到了那部电影，所以我才能够比较早地感受海底世界。探知海底世界是我童年的一个梦，很幸运，这几十年我好像一直生活在梦中，因为我一直在潜水。"

∨ 潜水是 Olav 一生不变的爱好

　　2016 年 9 月，在我们完成对 Olav 的拍摄时，他向我们袒露了他在未来 4 年的计划，他将在最美公路的小岛上，建一个全方位的水族体验馆：这里将会有100 个房间的酒店，窗户是什么形状，会有多宽多高，什么地方会有电影院，核心游乐区域是一个巨大的与大西洋海面相连的海洋生物馆，会有各种各样的鱼类，甚至还想弄一条鲸鱼放到馆里来。

　　最后，Olav 拿着他规划的建筑模型，不无期待地对我们说："我觉得 4 年时间差不多就能建好，我希望 4 年之后，你们能再来。"

"美丽的海底断层、迷人的洋流潜水、茂密的海藻森林、种类繁多的鱼类、充满神秘色彩的沉船，它们总是促使你一次次地下水，百'潜'不厌。"

导演拍摄手记

挪威，离中国北京的直线距离 7 000 多公里，是除冰岛外离中国最远的欧洲国家。地理上的遥远造成了秘不可及的疏离感，但是在生活中又总会有关于这个地方的元素出现：极光、三文鱼、抑郁症、极简主义，一些或熟悉或陌生的名词提醒你我，那是地球另一端的生活。

拍摄一条最美的公路和当地人的故事，是我们的初衷。但是拍摄哪一条公路，此前一直是同事们纠结的地方，我们在全球各种"TOP 10"的排行榜单中找，在各种旅行家的著作中找，在各种摄影师的图片中找，当看到了这张图片之后，我们迅速放弃了别的备选。

理由很简单，因为它在挪威。

1

　　在中国人的传统印象中，北方代表着苦寒、僻远、人迹罕至的高洁之地，而在戏剧大师易卜生的描述里，他的家乡挪威虽处极北之地，却有着生生不息的活力。

　　"我们全国也只有 500 万人，地方很小，但心存高远。"身兼渔夫、水手、潜水员身份于一身的 Olav 是我们这次故事的主人公，一个 50 岁左右的挪威男人。

　　在最经典的大西洋公路航拍照片中，右下角那几栋红色的房子格外显眼，最初我们看到这张照片的时候，就有一种强烈的好奇：好想知道生活在最美公路旁边的这户人家，是怎样的一种感受？没想到的是，后来我们围绕最美公路寻找主人公，还真就找到了这几栋房子的主人—— Olav。

　　关于挪威，人们最熟悉的可能是《挪威的森林》，那是披头士的音乐、村上春树的小说、伍佰的流行歌曲，很多中国人都可能看过那书，听过那歌，可是很少人知道，挪威国土有 70% 的面积被森林覆盖，而以上这些，跟真正的"挪威的森林"却没有什么关系。

< 挪威的文化
标志之———
蒙克的《呐喊》

真正有关系的是什么呢?

——可能是蒙克的《呐喊》，因为它是很多年轻人进入艺术世界的"敲门砖"。

——可能是易卜生的戏剧，娜拉出走的关门声，100年来回响不绝，鲁迅一篇《娜拉出走之后》震动着近代中国文坛和社会。

——也可能是《狐狸叫》，这是新生代的挪威年轻人向世界表达态度的方式，这首歌曾成功地震动了全世界的流行音乐界。

我们对挪威的想象，就像潜水对于 Olav 的吸引一样，不可阻挡，势必会有一次相遇。

2

公路，有时意味着孤独和未知。

最美公路，是不是意味着最美的孤独和未知呢？

我是一个极喜欢公路的人，要具体说出来喜欢公路的什么，却很难。总之不是那种拥挤的城市公路，不是货车像轰天雷呼啸而过的高速公路，相反，位处偏远，通往不知名地点的陌生公路总是给我带来神经上的兴奋。连带着跟公路相关的歌也听了个遍：黄耀明的《广深公路》、朴树的《平凡之路》、痛仰的《公路之歌》、木玛的《丝绒公路》……每一首歌的背后都有一个难忘的故事。

挪威64号公路，又称大西洋公路，是挪威的国家旅游公路，被各种国际媒体评为"世界最美公路之一"。美丽的公路，我去过一些，在我的概念里，一条路要能达到最美的标准，应该要符合这样几点：

要么两侧有丰富的自然景观，景观的级别还应该不差，如美国加州的1号公路，总有白云蓝天相伴，惊涛拍岸；又如滇藏线一步一景皆是异域风情。

要么险峻崎岖，穿梭在崇山峻岭之间，每个拐角都是对前路景观的未知和对新手司机的巨大挑战，如川藏线。

要么公路本身就是景观，最好是在旷野中、在荒漠中、在人迹罕至的处所，如美国的66号公路、新疆独库的国防公路，其自带的孤独感、悲凉感和一往无前通往世界尽头的"轴劲儿"，总是让我着迷。

还有就是其自身就是人力与自然的交融与挑战，如河南郭亮村那条绝世的挂壁公路……

奇遇

∨ 公路上偶尔经过一些摩托车骑行客

∧ 驱车于公路上,山海交替,景致从来不会单调

然而初到大西洋公路，似乎一点也占不上，它平坦、柔和、精致，但我偏偏认为，这3个词不是一条公路最重要的品质。而对这条公路的印象改观，来自于与它的相处和深入。

首先在于它的色调。

如果是看电影，我会非常喜欢北欧冷峻的颜色和风格，就像丹麦电影《狩猎》那样，用当下时髦的话说，就是性冷淡风。

挪威的魅力在于，它不会一直给你单调的蓝天和白云，很可能当你想掏出相机拍下某一片云彩时，转眼之间，阴云席卷，倾盆大雨即至，大雨也不会无休止地下，而是一片一片、一小块一小块地倾泻下来，前一分钟还是浇头大雨，后一分钟说不定就是彩虹满天。

其次，沿途的极致美景。途经的村庄和城镇，美得有些失真。从大西洋公路的南端起点莫尔德出发之后，我们一路向北，驾车10分钟之后就会穿过一条隧道。那天的记忆特别深刻，穿越隧道之后，光线一下变得明晃刺眼，由于右边是山体，我和同事一起扭头朝左看了一眼便惊呆了：一道阳光打在公路左侧山崖之下，那个普通的村庄无异于人间仙境。

坐在副驾的是摄影师孙少光兄，他自言自语了一句：嗯，这里像瑞士。

我说，你去过瑞士吗？

没有。

……

没错，尽管我们当时都没有去过瑞士（后来去了，证实了这个说法），但这些村舍极容易让人产生联想。为什么是瑞士？估计瑞士代表着一种境界吧，雪山、湖泊、草甸、小镇，人间天堂。挪威的村庄让人产生超越空间地理的联想。

3

打鱼、潜水、带游客观鲸、晒太阳，是 Olav 生活中的最主要内容。如果要说有什么别的新意的话，那就是以上几件事情调整一下顺序去做。

　Olav 的家由三四栋经典的挪威风格房子组成，红色的木质墙体、尖顶，周边没有邻居，一侧是公路，一侧是海湾。

　我的同事问他："您住在这里不觉得孤独和单调吗？"

　Olav 的回答很简单，"有谁会觉得自己家是孤独的吗？"

　和 Olav 初相识时，正好赶上他外出带人钓鱼，他问我们要不要一起出海？这等良机我们当然不会错过：我们坐在他那原始的柴油机渔船上，在轰隆隆的马达声中驶向北大西洋的深处，我们完全失去了方向，只知道离陆地越来越远，然后他在某处停了下来，就像公共汽车到站一样，Olav 便很自信地告

∨ 在他的工作室，Olav 向我展示规划的建筑模型，对未来充满期待

诉船上的游客，"放线 8 米，你可以在这里钓到鲱鱼"；又换一个地方，"放 13 米深的线，可以钓到鳕鱼"；如果再换一个地方，他还会告诉你，放多长的线，会有什么鱼上钩。

我和同事充满惊奇，对于不谙水性的我来说，对于水，特别是大海，有一种天然的恐惧和无助感，但是对 Olav 来说，大海显然是家的一部分，是他的娱乐场，也是他的客厅的延伸。

1989 年，大西洋海滨公路开通，连接了原来只能靠船摆渡的 10 多个岛屿，一切都变得便捷而快速了。对于 Olav 来说，做生意也容易多了，因为顾客可以一直开车到潜水中心的停车场，他不再开着船一个个地往返接送。

"但是从另一个角度看，这里以前很安静，没有交通，没有汽车，所以通路第一天我看到第一辆车开过的时候，感觉很奇怪，并不是感觉很好，好像时间也跟着跑一样。"

Olav 说这些话的时候，我们感同身受。这样的改变，在中国的各个地方都在发生：一方面，渴望物质的巨大改变；另一方面，改变带来的心灵不安，在任何一个地方，都是不可避免的挣扎。

食物的教堂——
鹿特丹的女朋友
Church of Food –
Girlfriend of Rotterdam

这里呈现着荷兰人对食物的态度。

住宅必须看起来就是住宅吗？那是功利主义的理解。

大都会的本质是创新的、平民的、平等的。

扫码观看本集 VR 视频

鹿特丹市集住宅（Markthal）位于荷兰鹿特丹市中心的劳伦斯广场，是全球首个市场与住宅相结合的建筑。屋顶是一个容纳了 228 间公寓的拱形结构，内部含 1 200 个停车位和一个超市。Markthal 以其霸气的拱形外表和绚丽的内部艺术装饰吸引了很多基本不下厨的小伙伴、热爱艺术的青年和打酱油的游客。

　　一个融合着玻璃幕墙与拱门彩绘的菜市场将住宅、停车场、菜市场有机结合在一起，让人在熙熙攘攘的集市中感受属于不冻港的热情。这个被誉为全球最美的菜市场，改写了鹿特丹人的生活方式，建筑与存在、人与空间的关系在这里重新构建。这是一个关于让生活更有趣的故事。

∧ Markthal 承载着千千万万人的生活

> "当你靠在沙发上，仰头望天，你可能会感受到青草在头顶生长，香蕉从天而降，或者又能变出苹果，变出动物，你甚至会有点担心，这么多水果会不会从天上掉下来……"

逛 Markthal，小心头上掉水果！

Markthal 常被誉为全球颜值最高的菜市场，我们很大程度上也是冲着这个名号而去的。虽然在到达之前已经在网上看过一些图片，但我们可以负责任地分享一个感受：当你真正进入市场内部的时候，你会不由自主地发出感叹——名不虚传。

来 Markthal，至少需要逛两遍。

第一遍是因为这里呈现着荷兰人对食物的态度：原料、作料、加工副食品、餐饮、厨具……应有尽有。内容也包罗万象，从荷兰奶酪、意大利冰激凌、西班牙餐厅、日本寿司到中国食品。

120 米长、70 米宽、40 米高的市场空间，足球场般的面积，汇集近百家蔬果、鲜肉海鲜、芝士、香料等食材摊、食铺、甜点屋、餐馆、酒吧、咖啡座，它以开放和包容的姿态，满足全世界人民的喜好。商铺顶上是休闲露台，可以静享一杯咖啡美酒，小坐歇息。这里每周 7 天开业，早 10 点到晚 8 点，酒吧、餐厅的关门时间会更晚。在几乎所有商铺都在晚 6 点关门的荷兰，Markthal 绝对算是一个特例。

第二遍则非常有必要仰起头来，看一看头顶的巨型拱廊墙面壁画，那是一个更为丰富的色彩世界，是看得见的蔬菜天堂：充满整个拱顶的画作"丰足的号角（Horn of Plenty）"面积超过 10 000 平方米，是现今荷兰最大的艺术品。看似真实影像般逼真的画面，其实都由数码渲染而成。图案的印刷精准度和时尚杂志齐平，总像素高达 400 亿，文件尺寸是惊人的 1 470GB！

画面里的新鲜蔬果、面包、花卉是在向荷兰黄金时代的静物油画致敬。而中间的太阳，不但呼应了从拱形窗户中透进的天光，又烘托出丰足天堂的室内氛围。这一留白还为夜里的投影提供了幕布，可谓心机重重。

> Markthal 每天供应各种新鲜的蔬果

Markthal，菜市场、民居、博物馆！

Markthal 不只是一个菜市场！它还是民居住宅，外加停车库。

在荷兰，菜市场一般叫 open market，因为菜市场都是临时搭建在户外的，每周只有一两天，四五点就早早收摊了。没有菜市场时就只能去超市买菜，好心酸。这种低频率外加时不时的坏天气，不得不让人渴望一个每天开放又不被风吹雨淋的室内菜场，作为荷兰第一个封闭式的菜市场，它改变了周边居民的生活方式。

同时，它作为鹿特丹黄金地段的住宅楼，拱形建筑的自身是 228 间公寓。一边面向圣劳伦斯大教堂，另一边面向马斯河。每一间住宅里都能看到楼下市场里的熙熙攘攘，但丝毫不会受到噪声和气味的干扰。

另外，它还是拥有 1 200 个停车位的大车库。地下 3 个楼层的大容量车库，

∧ 从住宅中能看到市场的熙熙攘攘，却丝毫不受干扰

> " Markthal 的任务是要改变这样的感觉，它必须以柔美的方式存在，就像在一群大男人身边安静地站着一位温柔的女性。"

不但可以解决市中心的停车难，也为市场里的食品运输提供了便利。值得一提的是，停车库的电梯边有展览橱窗，放置着这片区域的考古发现，扶梯特别设计成鹿特丹的历史走廊，侧面标注城市 4 个重要时期的事迹——地下四楼是 900 年至 1150 年的小村庄；地下三楼是 1350 年至 1550 年中世纪晚期的内容；地下二楼是 1550 年至 1870 年的黄金时期，一直上到一楼的当代，让访客经历一趟时光之旅。

> < 鹿特丹是
> 一座建筑之
> 城，几何风格
> 的建筑相当
> "男性化"

设计者说——

众所周知，鹿特丹一度为世界第一大海港，第二次世界大战时被德军入侵，一番轰炸后，往日繁华城市只剩下废墟。战后，从20世纪中后期至21世纪初期，鹿特丹一直忙碌于灾后重建，四处可见待建的钢筋水泥结构和正在忙碌建设的男性工人。大家觉得，鹿特丹是一个有很多男性青壮年从事着与港口贸易和工业相关的体力活的城市。"男性化的蓝领城市"便成了人们对鹿特丹的刻板印象。

以建筑为例，Markthal 的四周就环绕着鹿特丹城市建筑的经典之作：市场正门左侧是饱受炮火摧残却依然屹立的圣劳伦斯大教堂，正门对面是具有强烈工业风格的市图书馆，右侧则是地铁、公交车站、有轨电车的交通枢纽，更具有鹿特丹特质的是市场右前方的魔方房子和"铅笔"大厦。

魔方房子可以说是鹿特丹城市建筑的一个代表，从 20 世纪 50 年代到 70 年代，鹿特丹城市重建，现代主义、后现代主义、先锋派、乌托邦、国际主义、解构主义同时登场，在这里争夺着空间。城市的面貌五花八门，折射出美学权力的胶着，不仅仅是建筑风格，还有族群文化的多样。对于建筑师来说，"多样"和"好玩"的鹿特丹是他们梦想的天堂。荷兰建筑师皮特·布洛姆于 1984 年建成的立方体房子就是"好玩"的典范，整个建筑由 32 组房子构成，实用面积只占建筑面积的 1/3。实用，并不是建筑师的用意，皮特·布洛姆解释说："我要挑战的就是人们对住宅根深蒂固的理解，住宅必须看起来就是住宅吗？那是功利主义的理解。"

∨ 鹿特丹是建筑师的梦想天堂

∧ Nieuwe Maas 河畔的鹿特丹，曾是世界上最大的港口

设计师 Winy Maas 一再向我们解释着 Markthal 的用意：

虽然鹿特丹是建筑师的天堂，充满着各种各样的创意，但是在这座城市里，建筑呈现着的尖锐、冰冷和硬朗线条成了主要内容，他刻意选了弧形的、柔和的线条，因为过往的鹿特丹市中心建筑，充满着强烈的阳刚气息，像是一个五大三粗的"蓝领男人"，Markthal 的任务是要改变这样的感觉，它必须以柔美的方式存在，就像在一群大男人身边安静地站着一位温柔的女性。

设计师 Winy Maas 用意其实跟鹿特丹的规划有着密切关系：一方面，改变城市性别身份成了鹿特丹城市发展的一大策略，"男性化"的鹿特丹需要更多"女性化"气质，它必须要减少蓝领男性青壮年的生产空间，转而发展针对中产阶级群体的粉领经济。另一方面，大都会具有的本质是创新的、平民的、平等的——这是城市的未来。

"你可以把 Markthal 看作是鹿特丹的女朋友，至少我是这么认为的。"设计师 Winy Maas 向我们介绍说。我们觉得颇有意思，于是便有了这么一个标题。

　　最美菜市场的设计师是 Winy Maas，生于 1959 年的他是荷兰前卫明星

建筑团队 MVRDV 的首席建筑师。MVRDV 所造就的建筑样式往往让人惊奇，

理念独特且创新。设计标志性的建筑似乎是 MVRDV 的强项，他们的作品遍

及全球：丹麦的青年文化摇滚博物馆、CHANEL 的玻璃殿堂、荷兰玻璃金字

塔状的"书山"图书馆、上海虹桥花瓣楼、马德里地标 Mirador 等。

1

在西班牙、法国、意大利有很多的室内集市，但是在欧洲北部的城市里，并没有那样的集市楼。所以我们能做什么？毕竟在此之前，荷兰的集市都是在户外空间，并没有谁为了一个集市而盖一栋楼，这对当地人和我们设计团队来说，都是首次。思路上最通常的办法就是：两侧做住房，集市放在中间。但我们从不设计平庸的作品，我们总在想，有没有什么能颠覆传统集市的形式。我们希望去构建一座食物的教堂，因为食物对于人类而言是如此重要。这就是我们的一个基础构想。

最开始，我们希望市场两端的那个拱门可以是开着的，但是由于卫生方面的原因，那是不可能的。这个集市必须是被包裹起来的，封闭的。为了使市场看上去更明亮，也更开放，我们使用了玻璃幕墙。但这两大片幕墙有一个特别的技术，就是使用缆线，从上到下、从左到右穿起来，这看起来很像一个网球拍，非常坚固，但当风吹来的时候它还会动。对于中国来说，这样规模的玻璃幕墙可能不算什么，但是在欧洲，这已经是最大的了。

∧ 玻璃幕墙很像一个网球拍

　　我认为它有两层意义：从内部，给予了这栋楼一个透视，营造了一种视觉上的美观，心理上是开放而安全的；在另一方面，它是现实生活中的里程碑，晚上，当你从外往里看，就像是在看绝美的风景。在鹿特丹这样寒冷和多风的城市，终于拥有了一座四季如春的温暖集市，这种温暖的感觉甚至可以感染到住在周围的人。

　　Markthal 的穹顶是面积巨大的绘画，所以我们有一个团队的艺术家一起来做这个图。我认为，那些图画就像是在罗马西斯廷礼拜堂的回响，也像是爱丽丝漫游的仙境。当你靠在沙发上，仰头望天，你可能会感受到青草在头顶生长，香蕉从天而降，或者又能变出苹果，变出动物，你甚至会有点担心，这么多水果会不会从天上掉下来……当你走进市场，就像进入食物的圣殿。

　　除此之外，这不仅仅是一种建筑与绘画的艺术，更是一种人与人之间居住和相处的艺术。你可以看到人们在那里做饭，家人准备去看望他们，另一个人正在准备去洗手间。我觉得这种感觉太棒了！这是一种更亲近、更有交际感的关系，我、你、他，组成了一个个完美的生活场景。

∧ 菜市场供应着花样繁多的美食，不同面孔间的互动组成一个个完美的生活场景

2

鹿特丹是一座城市，一座奇怪的城市，一座让人"意外"的城市。战后，建筑物在不同的时间从鹿特丹拔地而起，所以我们认为在这其中加入一个新样子的会更好。鹿特丹是一个由很多东西组成的城市，是一个各种东西的集合，建筑师非常适合这样的水土，他们相互交流，总是在其中加入新的元素，从魔方楼，到集市楼，到欧洲塔……这也是一种创造城市的方式。

它是一座流行建筑，它同样表达鹿特丹人的一部分，鹿特丹人喜欢它。Markthal 不是一座让人产生距离感的建筑，它只想安静地待在你身边。

∨ Markthal 从来不是一座让人产生距离感的建筑

∧ Markthal 的设计者 Winy Maas

∨ 鹿特丹人的日常生活

∧ 到了夜晚，Markthal 变成一座梦幻而缤纷的天堂

3

谈到未来都市，Winy Maas 的愿景是"创造你所能建筑的建筑"。

"好奇心是我最大的驱动力。完成一个思考，然后迈向下一个，让你的生活有着持续的接续。"

Winy Maas 还是 The Why Factory 的教授和主管，这是一个研究未来城市的机构。从 2012 年起，他开始担任苏黎世 ETH 的客座教授，并且他以前曾在贝尔拉格学院、伦敦建筑学会、麻省理工学院、耶鲁大学、美国俄亥俄州州立大学和鹿特丹建筑学院任教，同时也在世界范围内做学术方面的演讲。

猎奇心成就未来，让想象成为现实，美好的明日，就在眼前。

Winy Maas 的建筑是充满理想色彩的，他富有新意的大胆尝试看起来似乎存在些许夸张的成分，但联想到城市今天所面临的交通问题，也许便能够理解其用意。

为了分流地面的车辆，我们发明了地铁和在高空行驶的轻轨。也许未来的某一天，当科技足以让人们的想象力为所欲为时，我们城市的居住场所也被分流成了空中楼阁、地下会所、海上宫殿……

生活在别处——
世界尽头与冷酷仙境
Living Elsewhere —
The End of the World and Hard-
Boiled Wonderland

每次离开冰岛之后，我就会开始想念冰岛的那些东西，比如清冷的风。

提到冰岛，唯一能想到的就是孤独。

这是一个属于魔幻与矛盾的岛屿。

扫码观看本集 VR 视频

冰岛海湾旁边那栋景致绝美的房子，见证了 Mirra 从一个女孩变成了一位母亲，屋中处处都有着只有她才知道的故事与细节。对于看腻了雪山与极光的 Mirra 来说，心中的渴望却是离开这个熟悉而寒冷的环境，奔向城市、奔向快节奏、奔向更多阳光和热情的地方。

而与此同时很多城市中的人却极度渴望着宁静、避世与独立小屋。

原来大多数人都希望生活在别处。旅行只是对现实的无谓挣扎，也因此有了光环。

冰岛是全球最好的观鲸地点之一

2016 年 9 月 1 日，Mirra 终于下定决心，把自己的房子卖了。在过去的几年里，那座房子曾被欧洲媒体评为"欧洲最有特色的 27 家 Airbnb"之一。

很多人替她可惜。

冰火之国

从冰岛回来的朋友说过，提到冰岛，唯一能想到的就是孤独，唯一能感受到的就是全境无处不在的边疆气息。

最流行的说法是，这是一个"冰火之国"：火山、地热与冰原、积雪彼此交织的地方。被岩浆反复冲刷过的土地只能生长苔藓，最常见的地貌是一望无际的荒原，而北部的山峰上永远覆盖着积雪，这是一个属于魔幻与矛盾的岛屿。

冰岛人都是一些什么人？

关于身份的传说与调侃，比真相传得更远。冰岛小说家安德里·诗奈尔·马格纳森说过："冰岛没有历史遗迹，也没有海盗船之类的东西来证明我们的祖先如何来到此地，所以，外界普遍认为我们是由鳕鱼演变而来的。"

∧ 火山岩带来的黑灰色是冰岛的基本色

∨ 冰岛全境都充满一种荒凉之美

风景画中的房子

带着同样的疑问，我们幸运地找到了 Mirra，一个土生土长的冰岛女人。

人生的前 30 年，Mirra 都生活在冰岛北部最大的城市阿克雷里（Akureyri），

全市人口为 1.5 万人。

Mirra 是冰岛首都雷克雅未克一家公司的网络维护师，她负责更新和维护公

司的网页信息，事实上她已经和家人在雷克雅未克生活了 3 年。在过去的 3 年里，

△ 站在窗前就能看到阿克雷里的全貌：海湾、城区、山体、积雪

她把自己居住的颇有设计感的房子做成 Airbnb，结果得到旅行者们的一致赞扬。

房子位于阿克雷里海湾大桥对面的山地，一条小道盘旋而上，直通门口。站在 Mirra 家的窗前，不用出门就可以看到阿克雷里的全貌：近景是海湾，中景是阿克雷里的主城区，远景则是连绵的山体，天际线则是闪闪发光终年不化的积雪。这是一幅没有任何多余元素、搭配得近乎完美的风景画，Mirra 曾是这画中人。

"房子是妈妈提议的，2007 年我们一家路过这个地方，觉得风景很好，就想在这里建一座自己的房子，姐夫是建筑设计师，很自然地由他来决定房子的风格。"Mirra 家的房子跟邻居对比起来，具备一眼就能分辨的设计感，3 个大斜坡的屋顶交错分布，给日常生活带来了极美的诗意。

"2008 年的时候，萨尔卡（Mirra 的小女儿，8 岁）就出生在这栋房子里。她带给我们全家巨大的快乐，我经常和我的女儿们趴在屋顶，看看极光，或者看看星星，有的时候会试着去分辨哪个到底是星星，哪个是夜间飞行的飞机。因为都非常高，你看到有很多飞机飞过去，它们看起来就像星星在动。"

"当有很大的雪的时候，有时候我们就这样直接从房顶跳下去，或者滑下去。因为下面是雪，很软，所以永远都是漂亮地着陆。"

∧ 新旧主人的交接，承载的是对不同生活的追求

寻找一种"在别处"的生活

　　"人太少了。"Mirra 说，"我想带着家人去人更多、色彩更多、气候更温暖的地方生活。"这是她决定卖掉自家房子的主要原因之一。

　　"大多数人都感觉我们能住在这里，有一个非常平静的生活真是太好了……是的，很多人都在寻找这样的生活。他们希望有漂亮的房子，美丽的风景。但是我现在需要更多的活动，更多的人，更有活力的事情。比起我现在的生活来，我会有更强的意愿去追寻那样的生活。"

新的房主是 Mirra 的一个朋友，雷克雅未克公司的一名同事。

同事在首都出生、长大、工作，10 万人的雷克雅未克对于同事来说，已经够喧哗够热闹了，他希望寻找一处僻静而方便之所，用于度假，或者继续用于 Airbnb 也未尝不可。总之，同事也在寻找一种"在别处"的生活。

你从远方来，我到远方去，相遇就此发生了。

我们见到了新房主，那一天 Mirra 和他正在交接，看得出来两个人都非常兴奋，同事站在门前的露台大口地呼吸着清凉的空气，Mirra 则细心周全地交代着相关事宜。两个人对即将到来的新生活充满了期待。

∨ Mirra 的日常生活平静而美好

∨ 同事对即将到来的生活充满期待

生活在别处——世界尽头与冷酷仙境

卖掉房子后

拍摄完成之后的某一天，我们在雷克雅未克再次与 Mirra 见面了。

她是独自一人前来的，我们问及前几日见面的她的两个女儿，她说："贾斯汀·比伯来这里开演唱会，娜塔丽娅（大女儿，14 岁）是他的粉丝，她正在和朋友们准备去看演唱会；萨尔卡在上音乐课，她迅速融入了新的生活，有了新的朋友，这是我们乐意看到的改变。"

Mirra 在咖啡馆里，给我们呈现的是一个对新生活充满着诸多向往的全新姿态。

"我想去巴塞罗那，甚至考虑全家人是不是搬到那边生活几年，一边工作，一边学习一门新的语言。"我们问她为什么是巴塞罗那，她回答的理由竟然格外简单："那里有很多阳光、温暖。当我们住在这里的时候，这里总是多风的，所以我们经常抱怨怎么那么多风，我们都不能坐在外面喝点儿东西。因为风大，你的头发老跑到你的眼睛里，而且很冷。"

说到这里，她停了一下，笑道："但是当我到了一个温暖，而且没有风的国家，我就会非常想念清冷、凛冽的冰岛寒风，感觉那会让空气变干净。所以我真的在想未来可能会有更多的变化，但是在一系列的变化之后，我也许会再次寻求现在的生活。"

∧ 屋顶是最佳观景之处

∨ 在极致的美景前，工作是一种罪过

∨ 寒冷的冰岛，交通灯都似乎努力给人带来温暖

在无边的荒野中逐风而行，我们带着巨大的好奇打量这片土地：

这里曾是欧洲的遗忘之角，一直饱受火山、地震、饥荒的困扰；

当欧洲大陆在文艺复兴、启蒙运动和两次工业革命中崛起之时，它依然是静默的蛮荒之地；

巨变的发生让人猝不及防，第二次世界大战之后仅仅 50 年的时间，这里成为"全球人均 GDP 前三名""幸福指数最高的国家""人类发展指数榜单"上常驻的新星；

2008 年一场疯狂的金融冒险却又差点葬送了这个国家；

他们的先民来自于从挪威西逃的亡命之徒，现在的

最多的人。

一切都如这个国家的地理：魔幻。

一切都如这个国家的音乐：迷幻。

一切都如这个国家的风景：梦幻。

1

从凯夫拉维克机场出来，拿到租车公司的车后，热心的工作人员不忘提醒我们："上下车的时候请注意关好车门，风大的时候，可能会把车门吹掉。"

带着地图，油门深踩，一路向北，直往北部城市阿克雷里。甫一上路，耳畔的大风和眼前的景色提醒着我，这绝非是寻常之地。

出了城市，便很少有车辆，更少遇见人。

铺展在你面前的是漫无尽头的 1 号公路，两边是广袤的荒野，而我偏偏是一个对荒野有着图腾般情结的人。一度忽略了同伴的存在，心跳声、呼吸声、音乐声、车窗外的风声，我承认，我是身心都做好了准备进入冰岛的。

∨ 冰天雪地，旷野千里，是冰岛的应有之景

∧ 阿克雷里最有名的湖——米湖

　　汽车在旷野里疾驰，景象单调而丰富：刚刚是乱石遍布的山地，一个转弯，便是死灰一片的火山，再转一下，可能又是壮美的冰川和温柔的湖水；又或者刚刚还是大雨滂沱，往前却又是阳光倾泻在某个极小的区域，地面的农作物在阳光下闪耀着金色的光芒；驶过阳光，前方说不定又会下起冰雹。

　　总之，气候的变化，一天里总要变换几个来回方才罢休。

　　我们在冰岛本土的音乐里前行，车子里慢慢安静下来，一种奇异的气氛在车厢内蔓延、发酵。对于冰岛，此前我对它的了解程度几乎为零，只因为这里的音乐而产生一些莫可名状的感受。

　　一行6人，导演、摄影、制片、录音、航拍飞手，都是喜欢狂野之地的人，我们像乡下人闯到了别人的田地里，整个人都变得很兴奋。沿途，偶尔成群的冰岛绵羊和冰岛马对我们行注目礼，看着这群车速明显超过了上限的外地人，目瞪口呆。后来果然，一张寄给我们的超速罚单不期而至，3万多冰岛

克朗，合人民币近2 000元，出手不可谓不重。

但是，在那样的路上如果按80公里的时速行驶，简直是另一种罪过。

在靠近阿克雷里100多公里的地方，意外还是发生了，当时领先的我们已经抵达住处安顿，另一组成员打来电话，他们的车抛锚了。然而他们的兴致还是很高："赶紧来接我们吧，如果在路边看到两个瑟瑟发抖的中国人，就是我们啦。"

刚刚松了一口气的我，带上另外一名同伴不得不折返100多公里，找到了饥寒交迫的两位落难同胞。当时天色已经完全黑了下来，他们的汽车已经不能发动，气温迅速下降，空调不能打开也不敢打开，他们得用蓄电池里仅有的电打开车灯，用作给我们的信号。

汽车被扔在路边，第二天，另一辆被出租公司替换的新车已经送到了旅馆门口。

生活在别处——世界尽头与冷酷仙境

2

在冰岛看到极光并不是什么难事。事实上，到了特定的时间，极光就会如期而至。

岛国似乎有这么一个好处，属于你的东西永远都跑不了。就像绵羊，冰岛最重要的动物之一，冰岛人会在春天的季节把羊散放出去，秋天的时候再收回来。整个夏天，冰岛羊都会在外面疯跑和玩耍，以肥美的苔藓和附地植物为食。所以，冰岛羊肉有别于世界其他各地任何一种美味，这是当地人的骄傲，他们会告诉你，"在冰岛，没有比羊更重要的东西了"。

∨ 冰岛羊的历史已经超过了 1 000 年,是一种纯种羊

极光也是一样，就像冰岛人家门口的烟花。

极光的图片见过很多，但它们的魅力在于变幻和不确定性，如果不到现场，身体不被满天的绿光笼罩，再唯美的图片也无法传递那种震撼和壮美。

为了拍摄完美极光，我们选择了 1 号公路旁边的众神瀑布作为拍摄地点，心想从构图上来说，底部是瀑布的白色水流，头顶是满天的绿光，光想想就很美。

众神瀑布高 12 米、宽 30 米，是冰岛北部乃至整个国家最著名的瀑布之一。萨迦传说中，法律演讲人将旧时北欧众神的雕像投入瀑布，从而平息了冰岛的一场宗教危机，瀑布因此得名"众神瀑布"。

接下来是连续 3 个晚上的奔忙，那几天，几个没有见过极光的人真是心心念念盼着晚上早点到来，早点到来还不行，还得盼着天气好。

第一天晚上，极光来了，我们出发的时间或许晚了半个小时，极光爆发最热烈的时候是我们驱车前往瀑布的途中，车在狂驶，满天的极光便在头顶狂舞，瞬息万变，你无法用言语形容那种壮美，只有抬头张嘴，并不自觉地发出"哇哇"的声音。由于第一次拍摄极光，我们的计划是第一晚用于选择地点，测试机器的对比参数，准备第二晚再战。

第二晚我们便早早出发，来到众神瀑布找好位置。夜幕降临的时候，点上一根烟，站在冰岛北部荒原的黑暗里，静待极光的出现。

不知为什么，我深切地记得那些瞬间，我们和其他一些国家的游客们，大家都没有言语，就是坐在岩石上，或者站在天空之下，具有一种强烈的仪式感，等待的过程像在等待一种召唤，神话和魔幻就在这样的微妙感觉里一触即发。我们收获了规模宏大并且时间持久的极光爆发，我试图竭尽所能描述我所能看到的震撼，但最终还是放弃。

在自然面前，文字和语言皆是苍白的。

大自然充满神奇的力量，这片土地上，贫乏的资源本不足以养活 30 万人口，但是凭借着渔业和后来的现代化开发，冰岛人成为地球上活得最自在的人群之一。他们也不是没有迷茫和痛苦，2008 年经济危机时，冰岛的外债规模竟然是 GDP 的 12 倍，国家陷入破产。然而，冰岛人并没有不安很久，他们迅速恢复平静，从头再来；他们通过发展旅游、开发地热、吸引类似于 GOOGLE 这样的世界巨头来此安家落户，以寻找新的机会。

冰岛，有人说它是最接近地球原始样貌的地方，突如其来的暴风雪，没有规律的间歇泉，像极了火星表面的冰原或者荒漠，成为岛国独有的极致景观，同时也吸引了《星际穿越》《普罗米修斯》《权力的游戏》等大片前来取景，他们因此具备吸引全世界人们目光的能力。

冰岛全境任何一处都可以看到醉人的极光

3

还有一些际遇算是意外惊喜。

冰岛北部观鲸是旅行团的保留项目。水手是一名 20 岁左右的小伙子，观鲸船行驶在海面，就像他在自家庭院散步那般熟悉，他站在船头用一只喇叭告诉我们这些外乡人，"朝 2 点方向看，""呼"的一声，船上的所有人都凑到了 2 点方向；"朝 9 点方向看，"又是"呼"的一声，人们又都凑到 9 点方向，一道道水柱昭示着鲸的存在。

所呈现的画面依旧是壮美的，一秒之前，湛蓝的海面什么也没有，一秒之后，就能听到座头鲸粗重的喘息之声，它们庞大的身躯如黑色魅影在水底穿行，等不了太久，它们中就一定会有不甘寂寞者从水中一跃而起。那是力量与美的经典诠释，几十吨的家伙，得紧绷自己的肌肉，全力一跃，方可在空中停留一秒。

很多人，就是为了这一秒而来。

没有什么可以阻止冰岛人出海打鱼。渔夫的工作有点像赌徒：要有资本，要付出努力，但决定收获的往往还是运气。捕鱼是男人的工作，也定义着冰岛男人的性格。从冰岛人的骨子里，至今还能感受他们的祖先维京海盗的影子。

∧观鲸船行驶在海面，就像在自家庭院般熟悉

∨摄制组收获了"观鲸"的意外惊喜

Aloha！夏威夷！——原住岛民的冲浪生活
Aloha! Hawaii! — Surfing Life of Aboriginal Islanders

原住岛民、活力美女、与水为伴。

Aloha 是精神世界的关键所在。

海洋对我来说有极大的精神价值，它就像是生命之池。

扫码观看本集 VR 视频

　　瓦胡岛最初的居民是乘着独木舟来到这里定居的波利尼西亚人。后来，包括英国人、法国人、俄国人、美国人、中国人和日本人在内，一拨又一拨的移民带来了各自的文化，也让瓦胡岛成了一个民族融合的大熔炉。而我们想要寻找的，是这座岛屿上原住民的后代，我们想感受一番他们的生活，看看他们眼中的世界。

∧ 五彩缤纷的冲浪板也算是夏威夷的一道风景线

初识瓦胡岛

提起夏威夷，你脑海中会浮现出什么样的场景？阳光沙滩、蜜月胜地、椰树篝火、帅哥靓女还是草裙舞姿？这世界上的有些地方，只适合出现在明信片里。

瓦胡岛是夏威夷的第三大岛，也是游客们最熟悉的岛，首府是大家都耳熟能详的火奴鲁鲁。

瓦胡岛气候宜人，风光旖旎，它的美真的不会让人失望：碧海蓝天、椰林树影、鸟语花香……但更让人印象深刻的，是岛民们的热情好客和幽默风趣，以及这里的慢节奏。

∧ 当地的冲浪小作坊都充满乐观色彩

　　在瓦胡岛，你绝对不会再犯路怒症，大家都从容不迫。在这里从来听不到有人按汽车喇叭，即使有人抢道，即使有人堵路，司机们也一点儿都不着急，干脆欣赏起车窗外的风景。与纽约客的步履匆匆、洛杉矶人的争分夺秒相比，这才是夏威夷最与众不同的地方，也是他们所崇尚的 Aloha 精神所在。

　　瓦胡岛人情味很浓，每周日社区都会举办活动。本地人 Carol 带我们参观了冲浪板小作坊聚集地旁边的小亭子，那是当地以前的制糖厂。

∧ 三姐妹有着健康的肤色和曼妙的身材

热情似火的夏威夷女郎

在瓦胡岛，我们找到了 3 位漂亮的姑娘，热情火辣的性格使得我们的沟通特别愉快，并且她们也迅速同意成为我们的拍摄主人公。

Kahaulelio 家三姐妹的家在瓦胡岛北岸，这里因冬日巨浪——浪高 9 米！——和专业的冲浪比赛而在全世界享有盛名，是冲浪爱好者们最喜欢去的地方之一。

两个双胞胎姐妹 Nohea 和 Kahea 是瓦胡岛当地一家冲浪学校的冲浪教练，20

∧ 4岁的妹妹似一个迷你夏威夷女郎

∨ 姐妹们在海滩休憩

岁的她们现在还在洛杉矶读大学。除了冲浪，姐妹两人从小还擅长打水球，并获奖无数。大姐 Keola 今年 24 岁，理应在夏威夷大学读书，但比较叛逆，之前跟德国男友浪迹天涯一年。我们的拍摄行程因她来回调整，因为她又要去加拿大约会男友了……除此之外，她们还有一个 7 岁的弟弟和一个 4 岁的妹妹。4 岁的妹妹跟国内同龄的孩子相比，她的热情、可爱、奔放，就似一个迷你的夏威夷女郎。

三姐妹都非常活泼开朗，是典型的原住民，喜欢一切户外运动，包括洞穴潜水、悬崖跳水、滑滑板、登山、浮潜和钓鱼。

原住岛民、活力美女、与水为伴，这是我们最想探寻的几个关键内容，我们也为自己的运气之好而庆幸。

第一次见到三姐妹，是在她们长大的 Haleiwa 小镇上 Alii 海滩公园的一棵大榕树下。我们到公园的时候，三姐妹正跟弟弟妹妹一起在草地上玩耍。

暑假是她们最开心的时光,这期间不是在冲浪就是在教别人冲浪。冲浪曾经是夏威夷皇族的一项专属运动，作为波利尼西亚人的后代，姑娘们 3 岁就拥有第一块属于自己的冲浪板了，到现在自然是冲浪好手。

姑娘们的日常生活简直就像是生活在另外一个世界里。

每天清早起来就去海边冲浪，然后给游客上冲浪课，除此之外就是跟朋友一起去登山、滑滑板、浮潜、钓鱼，偶尔去洞穴潜水或者悬崖跳水，一直玩到吃晚饭才回家。也难怪她们会有曼妙的身材和古铜色的漂亮肌肤。

∨ 海洋是夏威夷人真正的母体

　　" 每天清早起来就去海边冲浪,然后给游客上冲浪课,除此之外就是跟朋友一起去登山、滑滑板、浮潜、钓鱼,偶尔去洞穴潜水或者悬崖跳水,一直玩到吃晚饭才回家。也难怪她们会有曼妙的身材和古铜色的漂亮肌肤。**"**

∧ Aloha 是精神世界的关键所在

< 夏威夷海滩矗立着的木制雕像

Aloha 之州

　　Aloha 是在夏威夷最常听到的问候语，是最地道的夏威夷语词汇。夏威夷甚至有"Aloha 州"的昵称，我们应该怎么理解"Aloha"呢？

　　大姐 Keola 这么告诉我们：

　　"在夏威夷，我们用 Aloha 的精神来问候我们的朋友、家人和陌生人，Aloha 就是爱。它的含义既简单又复杂，本意表示希望、爱、和平以及幸福，后来变成问候语，与'你好'的意思相近，但这也蕴含了一种关心、接纳、尊重周围人的精神状态、心理状态和生活方式。"

　　Aloha 是精神世界的关键所在，这也是夏威夷以通情达理和真挚友谊闻名天下的原因。这是他们的人生信条。

　　Aloha to you！

导演拍摄手记

　　当夏威夷人抓起板子冲向海洋，似乎从来不需要什么理由：小学生用趴板，青少年用短板，妈妈们用长板，有更高技术的年轻男子们则站在直立式桨板上，偶尔还能看到有人在身上刺着波利尼西亚勇士的图腾，那是他们的来处……

　　我们这群外来客，以惊奇的目光看着他们，心情复杂至极，觉得自己格格不入。

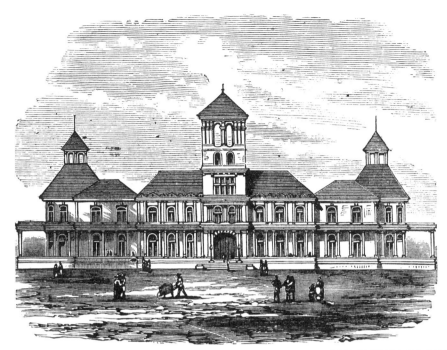

∧ 中国人更喜欢将火奴鲁鲁称为檀香山

1

　　说实话，作为一个旅行者，美国从来不是我最感兴趣的目的地。我留恋欧洲悠久的历史、丰富的人文底蕴，逛不完的博物馆、画廊，夜晚喧闹的小酒馆和静谧的小巷子。我喜欢东南亚的异域风情、好吃不贵的美食、慵懒又温暖的气息。当然我更憧憬去南极来一场华丽的冒险。

　　在做选题调研的时候，我们无数次地艳羡欧洲线的同事，相对于欧洲不同国家地区的多样性和复杂性，美国显得有些单调，很多时候过于直接、不够细腻。同时，作为全世界最被关注和熟知的国家，美国的一切似乎又都显得不那么有新意，找的故事总是觉得似曾相识。

　　对于一些挑剔者来说，全球漂亮的海岛不少，夏威夷既不是最出世也不是最隐世、既不是大俗也不是大雅，但这3个字总有一种魔力让人心生向往，具体是什么东西，又很难描述清楚。

　　正是出于这种欲求之而不得的心理，我们义无反顾地飞向了这个既熟悉又陌生的岛屿：熟悉是因为在猫王的歌里，在杰克·伦敦的小说里，在各种美国电影里，夏威夷给人很亲切的感觉；陌生的是，从中国到夏威夷，还真不是一段轻松到说走就能走的旅程。

Aloha！夏威夷！——原住岛民的冲浪生活

作为夏威夷的第三大岛，瓦胡岛也是游客们最容易抵达的岛屿，我们选择从这里寻找故事。瓦胡岛上有中国人比较熟悉的另一个地方：夏威夷的州府火奴鲁鲁，只是中国人更习惯称之为檀香山。檀香山的由来有一段故事：19世纪，夏威夷盛产檀香木，而从北美开往澳门、福建、广州、上海的船只大多经过夏威夷，波士顿的商船船长听说檀香木制作的工艺品深受中国人喜爱，便把大量木材出口到中国，再把瓷器、丝绸和茶叶销往美国，因此华人将夏威夷叫作檀香山。檀香山又被梁启超称为檀岛。在市区中心的中国城，还矗立着孙中山先生的纪念铜像，这里有不少他当年的踪迹。

> 把身体与海洋融在一起是冲浪的最高享受

∧ 三姐妹的日常冲浪生活

2 冲浪，是夏威夷人命里的约定，大概从 12 世纪开始，他们就征服了海浪。从此以后，冲浪与夏威夷人不可分割。

冲浪对于夏威夷人来说，到底意味着什么？

"我的爸爸妈妈基本上就把我往水里一扔，然后说，走吧！努力让自己漂在水上！对我来说，我那时候需要战胜内心的恐惧。慢慢地，在海洋当中，你可以看到变化，你能看到千奇百怪的鱼类，还有不停成长的礁石珊瑚。在这个过程当中，我慢慢地感受到海洋是如何运行的。海洋对我来说有极大的精神价值，它就像是生命之池。所以，每当我在大海里时，都会感到完全的放松。

"现在我每周都冲浪，有的时候甚至是每天，只要一有机会，我就会去海边。我知道这听上去有点儿俗气，但是我得说，大海真的带走了我的心。我们会说，此心安处是我家。

"当你来到这里的时候，一定要记得，大海有它的生命，你需要用心待它。大海是一种生命形态，它需要愈合和复原，它需要我们用心去照顾它。"

草裙舞，这充满民族风味和生活气息的舞蹈，可能是在追忆历史、讲述传说、祭拜神灵或者赞颂某位当地的伟大首领。对于夏威夷人来说，草裙舞是无字的文学，也是他们的生命和灵感。

"我们身上有着很多不同的基因，来自夏威夷、葡萄牙、中国、非洲裔美国……我们十分重视自己的文化背景，所以跳草裙舞也是一种学习自己文化的很别致的方式。我们经常会在不同的场合表演，比如怀梅阿山谷就是对我们有特殊意义的表演场地。当我们跳草裙舞的时候，能够感受到其中激动人心的力量。"

在拍摄期间，三姐妹为我们跳了一下午的草裙舞，回想起来，她的言语中还是充满兴奋：

∧ 姑娘们乘车外出兜风，给游客上冲浪课

<　对夏威夷人来说，草裙舞是他们的生命与灵感所在

　　"前几天在公园里跳草裙舞感觉就像唤醒了过去的记忆，感觉妙极了。我们跳舞的时候，有旅游巴士停在路边，游客们看着我们，有的人还给我们拍照，我们很高兴能够跟大家分享舞蹈，这也是我们眼中的 Aloha 精神。爸爸妈妈经常教育我们，只有学会尊重别人，你才能获得别人的尊重。在跳草裙舞的过程中，我们也慢慢懂得，这可以是一种布施、一份祝福或者一件礼物。

　　"我们从心底里相信，有人为你跳一支草裙舞的话，会给你带去一整天的好心情。"

3

调研的时候，我们翻了各种关于夏威夷冲浪的书和杂志，看到一段很喜欢的话。见到三姐妹，突然意识到她们就是这段话最好的注脚：

Surfing is a dream to most people, but for us, it's life. Some people can walk away from it without needing it. But it was our first love and it will always be our first love.

—— a Girl from *Roxy*

对大多数人来说，冲浪是一个梦想，而对我们来说，它就是生活本身。有些人也许并不那么需要冲浪。但是对我们来说，它是我们的初恋，也将永远是我们的挚爱。

——一位给 *Roxy* 杂志做过模特的女孩

跟姑娘们聊天当中，她们说到最多的，一个是"Ohana"，另一个就是"Aloha"。这里的一切都围绕着"Ohana"——家。对于她们，家的概念既包括家人、朋友，也包括海洋。在她们的文化中，海洋是她们的精神家园。在成长的过程中，她们独自和大海相处。在大海中长大，让她们从恐惧中走出，获得了越来越多的自信，另一方面也让她们懂得珍惜和拥有。

暂时离开家的姐妹们心永远都在瓦胡岛，她们迫不及待地盼着大学毕业，能够回到从小长大的家，开办自己的冲浪学校。

临别之际，姑娘们突然拿出一个信封，里面装了一张写满留言的贺卡和我们的拍立得照片。虽然都是很朴实无华的文字，但我们心中还是涌起了深深的感动。

Aloha for now！

后会有期。

（作者：张苡芊）

∧ 走向大海，他们的来处

∨ 姑娘们，Aloha for now！

∨ 三姐妹给摄制组留下的字条

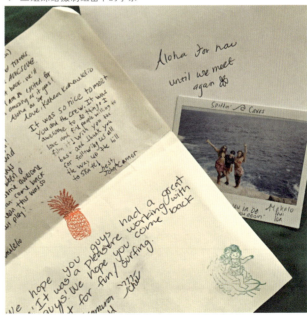

与时间同在——
古老的海岸红杉
Be with Time —
Ancient Coastal Redwoods

海岸红杉是地球上最古老的生物之一。

经历过灾难和伤痛的人总是能从巨大的红杉身上汲取到很大的力量。

这是经过岁月沉淀而带来的美。

扫码观看本集 VR 视频

在红杉公园，只有一个感受，那就是渺小。那些几千年前就存在的巨杉，安静地屹立在这个偏远之地，承受着几千年来不间断的风霜雨雪的压力和考验。它们看穿时代，看尽潮流，看透人类的过往。相比之下，我们如此渺小而无力，只是一批又一批微不足道的过客罢了。

在红杉公园，只有一个感受，那就是渺小

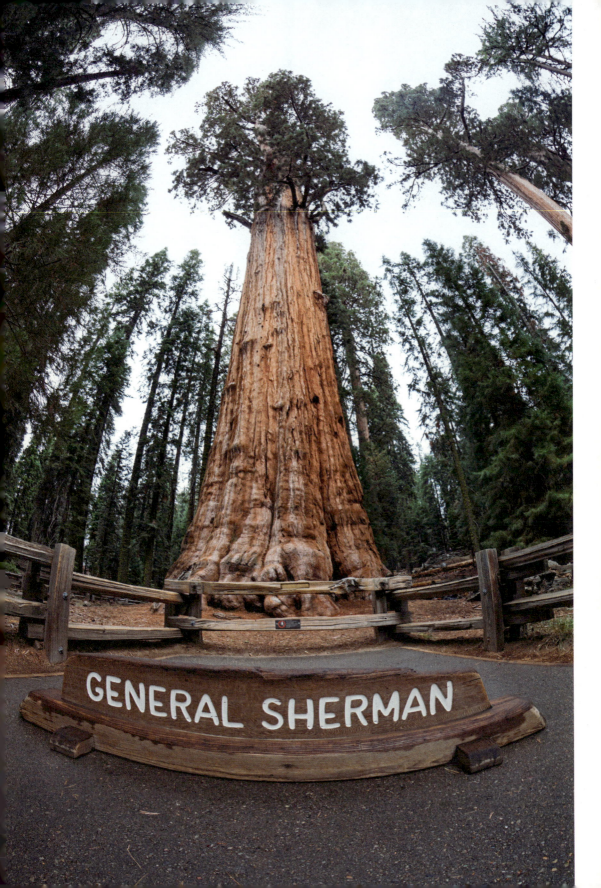

GENERAL SHERMAN

群星璀璨的红杉公园

　　红杉公园的价值不容多说，但只有真正进入森林内部，你才会真正领略时间的力量、自然的奇迹。绵亘600多公里的狭长地带，拥有明媚的海滨、幽静的河谷，特别是那一片片挺拔壮观的红杉树林和一座座红杉公园，使这个地区名扬全球。其中有两棵红杉堪称绝世的双子星座！

　　其中一棵是"谢尔曼将军"（General Sherman），"谢尔曼将军"属于巨杉（也被称为"世界爷"），它或许不是世界上最高的树，却是确认的世界上最大的树，树龄为2 300~2 700 年。将军树的高度是134 米（2015 年数据），底部最大直径达11.1 米。由博物学家杰姆·沃尔弗顿（James Wolverton）于1879 年命名，为了纪念南北战争时的将军威廉·特库姆塞·谢尔曼（William Tecumseh Sherman）。1985 年科学家根据它的木材比重对它的重量进行了测算，认为"谢尔曼将军"重2 800 吨，相当于15 头蓝鲸；并且，在整个地球的生物世界中是体积最大的，据估计，"谢尔曼将军"可以出5.5 万多平方米板材，如果用它们钉一个大木箱的话，足以装进一艘万吨级的远洋轮船。

　　另外一棵叫"总统"（The President）。赭红色的树干，因为一层层带着皱褶的树皮包裹而显得粗壮，底部直径达8 米，面积大概相当于你家的餐厅。想要一瞥它的最高处，仰头看看树冠的形状，大概都会让人脖子发酸。"总统"这个名字是对它赞叹不已的人们在大约90 年前为它取的。巨杉是数个仅存的红杉树种之一，而这棵树是其中的一员。

　　"总统"并不是世上最大的一棵树。美国加州洪堡州立大学的科学家史提夫·斯雷特（Steve Slater）与同事在近期的研究中证实，"总统"在所有测量过的巨木中排名第二——而斯雷特团队测量过的巨木还不少。它不像最高的海岸红

<　"谢尔曼将军"是世界上最大的树

∧ "总统"被一层层带着皱褶的树皮包裹

杉或澳洲大王桉那么高，却比任何海岸红杉或桉树都要巨大。它被闪电击中而枯死的尖端就有 75 米高。4 根

巨大的主枝中的每一根都和一棵大树一样大，从树干大约一半高的位置开始向外延伸，形成浓密起伏的树冠，

宛如一朵在空中扁平扩散的蕈状云。虽然它的树干不像最大的巨木"谢尔曼将军"那么大，树冠却比"谢尔

曼将军"更浓密，有着近 20 亿片树叶。

> **"** 但参天古树却每棵都不同，都
> 有自己独特的面貌和个性。这
> 是经过岁月沉淀而带来的美 。**"**

公园游侠（Park Ranger）：红杉森林的"保护神"

除了感叹大自然的鬼斧神工，我们感兴趣的其实是生活在这里的一群特别的人。

美国国家公园体系当中，有一个角色不容忽视，他们人数不多但是作用非常关键，那就是 National Park Ranger，简称 Park Ranger。英文"Ranger"一词原意为游侠，来自 14 世纪的英格兰。这个单词作为动词的意思是在一片广阔的区域旅行、游走，在早期的英国，"Ranger"引申的含义指的是巡逻于皇家森林和公园的看护人，防止偷猎者盗取属于皇室领地上的财产。这个词从 1899 年开始在国家公园体系内使用，最早的意思是指国家公园护林员，后来泛指国家公园的工作人员，包括公园内的讲解人员、管理人员以及安保人员等，我们在这里就称其为"公园游侠"。美国国家公园管理局首任局长史蒂芬·梅瑟在 20 世纪 20 年代就对公园游侠做出过非常积极的评价："他们品质优秀、善良且充满智慧，人数虽然少但影响很大，这些人肩负着很多职责，几乎无所不能、无所不做，他们会毫无保留地告诉你他所知道的一切。"

从某种程度上说，公园游侠就是国家公园的形象代表。美国国家公园管理局网站显示，遍布美国的国家公园一共聘有 2.2 万名包括全职、兼职以及季节性的员工，另外还有超过 22 万的志愿者在大大小小的公园内服务。

∨ 善良且充满智慧的公园游侠是红杉森林的"保护神"

与时间同在——古老的海岸红杉

两位游侠的故事

∧ Brad 有着意大利血统，性格开朗活泼

∧ 他一下子就爱上了当游侠的生活

　　我们这次调研期间，见到了红杉国家及州立公园几乎全部的公园游侠，非常有电影剧组选角的感觉。在这个过程中，我们得以结识两位很理想的拍摄对象。

　　Brad Maggetti 今年 31 岁，可能是因为有意大利血统，非常外向活泼，表现力极强。他出生在密歇根州的汽车城底特律，大学学习的专业是文学和哲学。由于冷门学科实在找不到工作，于是学习了护理技能，在临终关怀医院工作了几年。

　　5 年前，他突然想打破自己的生活状态，应聘了公园游侠，一路开了 50 个小时的车从底特律到克雷森特城。也许是红杉森林的自然景观和底特律的工业气息太过不同，他一下子就爱上了当游侠的生活。他说，他现在已经无法想象自己再从事任何公园游侠以外的工作。而在人生的头 20 多年里，他从来没有对国家公园产生过任何兴趣。

　　他平时开车上班，在公园里一半的时间都是在游客中心答疑解惑，为游客规划行程，另外一半的时间会在户外，带游客在史密斯河上划皮划艇，或是在森林中漫步。休息的时候他最大的爱好是徒步，之前曾经花 97 天的时间行走了太平洋山脊国家步道（Pacific Crest Trial）

的一部分。Brad还喜欢钓鱼、游泳、打水漂、骑自行车，以及在吊床上夜宿森林。作为文学专业出身的他还为当地社团撰写话剧剧本，自己也充当演员。

我们锁定的另一个拍摄目标是50出头的James B. Wheeler，他是少见的一辈子就服务于一家国家公园的游侠。

James是个极具表达能力和表现力的大叔。第一次见面，我们就被他的笑声感染了，以至于现在想起他，耳边还会响起他标志性的爽朗笑声。

小时候，父亲服役于美国空军，从小就不停地搬家，James在美国很多城市都生活过。上大学的时候回到圣巴巴拉，毕业后得到了一份在户外学校教书的工作，课程主题是关于红木的。之后他拿下了环境学的硕士学位，做起了公园游侠，这一做就是30多年。他说这样几乎没有升职的可能，但是他也很享受在McKinleyville（一个小镇，距离他工作的游客中心车程半个小时）的生活。

无论是跟他们聊天，观察他们的日常工作状态，还是听对方讲解有关红杉的故事和细节，都让我们加深了对于这片古老森林的认识，也让我们了解了公园游侠这一特殊的职业，以及这种职业所带来的极为特殊的生活方式——虽看似平凡而琐碎，却有一种庄严的神圣感。

∧ 我们耳边还会响起James标志性的爽朗笑声

∧ James一辈子服务于一家国家公园

导演拍摄手记

如果说最有美国特色的旅游目的地，国家公园绝对排名前三。无论在亚洲，还是欧洲、大洋洲，都不缺震撼人心的自然景观，然而"国家公园"这一开创性的理念，是美国文化中极为重要的部分，也是美国人对自然的尊重和保护最淋漓尽致的注解。

很多人都去过黄石国家公园、优山美地、大峡谷，它们的确是每年游客造访最多的国家公园，而位于加州的红杉国家及州立公园（Redwood National and State Parks），却是一颗珍宝。置身高不见顶、茂密挺拔的红杉林，你才会明白，在这里感受到的不仅仅是自身的渺小，更重要的是，红杉中蕴藏的关于生命的寓言，以及我们与所有生灵的精神联系。

1

海岸红杉是地球上最古老的生物之一，约在 2 000 万年前就存在了。它们一度遍及加州海岸，而随着淘金大潮的到来，蜂拥而至的人们开始砍伐红杉树来盖房子。1878 年美国颁布的法律允许大片的林地以超低价格出售红杉，曾经广袤的原始红杉林，其中 96% 都被砍伐殆尽，如今仅剩下 485 平方公里。红杉国家及州立公园就保护着这残存的红杉森林中的 45%。说是残存，但是现在的规模依然十分壮观，我们简直无法想象未经砍伐的原始森林的面貌。红杉国家公园于 1968 年建立，其中一半与大草原溪（Prairie Creek Redwoods State Park）、德尔诺特（Del Norte Coast Redwoods State Park）以及杰迪戴亚·史密斯州立公园（Jedediah Smith Redwoods State Park）重叠，在私人伐木区和国家公园之间建立缓冲带，共同保护着这一大片沿海岸线生长的古老红杉。

在公园从南到北的狭长地带，除了成片的红杉林，最让我们意外的是这里景色之多样。这里有非常美的海岸线，有麋鹿生活的大片草原，有加州唯一没有建大坝的史密斯河，有静美的大湖，还有一处长满蕨类植物的别致山谷——Fern Canyon。虽然不能说是移步换景，但绝对不会让你觉得单调。

∧ 海岸红杉是地球上最古老的生物之一

与时间同在——古老的海岸红杉

2

第一次见到 Brad Maggetti，是在公园北区主管 Michael Glore 的办公室里，在墙上的一组照片里，游侠们扮演成早期的伐木工、淘金者，为孩子们讲解关于红杉的历史与现在。无论是肢体语言还是面部表情，Brad 无疑是最有表演天赋的一个。

作为一名年轻的公园游侠，Brad 总是非常主动、热情地与游客交流：为对方指路，提供一些行程上的参考意见，或是就对方感兴趣的话题分享这片森林的故事。他说，除了愿意亲近大自然，喜欢跟人打交道应该是一个公园游侠最基本的素质。

∨ 红杉对 Brad 来说拥有神奇的治愈力，他已无法想象再从事公园游侠以外的任何工作

我们问他，美国众多的国家公园里，红杉在他们心目中是个什么样的地位？

"每个人小时候都看到过红杉林的照片，从那一刻起，这就成了很多人愿望清单上的一项，对普通美国人来说是一生中必须要做的事。"

"而对另外一些人来说，这片森林是具有神奇的治愈力的。经历过灾难和伤痛的人总是能从巨大的红杉身上汲取到很大的力量。就像它的拉丁语名字在英文中的寓意：live forever（永生），无论经历什么，红杉都能保持顽强的生命力，即使倒地的枯树，也会长出嫩绿的新枝。"

与时间同在——古老的海岸红杉

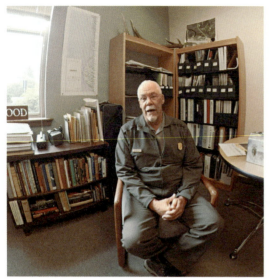

∧ 听一位饱经风霜的大叔讲述红杉是一种神奇而美妙的体验

3

　　30 年，对于这些巨大的、古老的红杉来说，只是漫长生命中的一小段时间；而对于人类，则是饱满而充实的记忆。不知道红杉的一生会拥有多少位森林游侠的陪伴，而 James 用一辈子陪伴着红杉，做着红杉森林的游侠，担当着红杉的保护神。

　　我们想知道是什么让他一直留在红杉森林，这里到底有什么特殊的地方吸引着他。

　　他说，红杉无疑是这个世界上最令人惊叹的森林景观。在停车场附近的树树龄都在 70 年左右，这些树长得都很像，但参天古树却每棵都不同，都有自己独特的面貌和个性。这是经过岁月沉淀而带来的美——Beauty that comes with age。

他说，这和"侘寂 Wabi-sabi"这一日式美学的概念其实非常类似：

"侘"指的是简单不做作。

Wabi refers to something simple and unpretentious.

"寂"指的是随岁月而来之美。

Sabi points to the beauty that comes with age.

不得不说，听一位饱经风霜的大叔说这番话，真的是一种神奇而美妙的体验。

（作者: 张苡芊）

∧ 红杉中蕴藏着关于生命的寓言

与时间同在——古老的海岸红杉

改装车——
永不落幕的美国精神
Refitted Car—
The Never Ending American Spirit

他们更多的是怀着一种"玩车"的心态。

Hot Rod 最重要的意义，在于赋予汽车新的灵魂。

无论潮流怎么改变，人们对改装的追求依旧不变：更好的性能，更炫的外观。

扫码观看本集 VR 视频

　　有一个玩笑，说的是美国人最不能容忍的事就是在路上遇见一辆和自己一模一样的车。西海岸改装（West Coast Customs）最被人称道的，是他们不只通过更换零部件来提高车的性能，还能根据车主的喜好及性格，打造出世界上独一无二的汽车造型。这就是美国人的汽车消费心理，也是美国的汽车文化。

　　没有美国人那些经历，或许中国人永远也不会出现真正的改装车文化，也体会不到真正的"Hot Rod"文化。

"Hot Rod"改装车为什么是美国文化？

什么是"Hot Rod"改装车？很难用一句话来概括。首先，它是一种非常鲜明的汽车改造风格，以个性、激情、充满创新精神著称；其次，它是汽车普及、平民化时代的直接产物；最后，由于它的流行，最终成为美国汽车文化的代表，堪称美国精神的缩影。

故事的源头要从 20 世纪 20 年代说起。

亨利·福特的 T 型车让美国人成为车轮上的民族，随着社会生活水平的提升，越来越多中产阶级拥有了汽车。一向以动手能力强、喜欢特立独行著称的美国人，对于自家缺乏个性的汽车并不满意，开始改装车辆，追求速度与激情。对于普通家庭出身的人来说，改装汽车意味着梦想成真、巨大乐趣。那些破烂不堪的福特、奥兹莫比尔、斯图兹、温顿，被熟练地拆开，只保留底盘和少数的车身板件，换上改装者自己省吃俭用攒钱买来的大马力 V8 发动机，安上新的车轮，以便在加州日落时分的旱湖上跟朋友们一比高下。这些改装车的轻量化做到极致，它们没有挡泥板、没有车灯、没有车顶……一切只为赢得风一样的速度。

而随着车迷们不断强化个性风格，他们开始对自己的爱车进行涂装，因为拥有一款车不仅意味着疯狂竞速，还意味着可以在周末载上自己的女友，在公路上兜风，去电影院里，或者是找片绿树如茵的地方野餐一番。Hot Rod 的范畴也绝非仅限于竞速本身，而是与美式生活息息相关。

越来越多个性鲜明的改装车出现在美国街头，伴随着追逐、竞速，20 世纪三四十年代的美式汽车改装潮如火如荼。

∧ 美国老电影中淋漓尽致地体现了改装车文化

∨ 载上女友在公路上兜风

改装车——永不落幕的美国精神

第二次世界大战时期，Hot Rod 现象在美国范围内爆炸式兴起，作为年轻一代标榜自身的文化符号，Hot Rod 为后来众所周知的青年文化奠定了基础。战后出现了大量廉价的美国汽车，而那些复员的技术工又有足够技术将这些汽车改装成更大马力、高引擎动力、降低重力的跑车（美式肌肉车），这种改装之后的汽车就叫作 Hot Rods。通常 Hot Rods 改装完成后，

∧ 在车迷眼里，改装车间是一处精神圣地

都会被拿来比赛用——用它们那疾速的奔驰和风驰电掣的影子以及得意跳动着的车胎——横

扫过平坦的洛杉矶河河床。

　　Hot Rod文化在20世纪50年代至60年代的美国可谓达到了顶峰，在人们眼里，它定义了"酷"

这个词。

∧ 改装车的本质追求无非是张扬个性

" 对美国人来说，汽车就是一个
无法离开的朋友、伙伴、家人，
或者可以说是自己最钟爱的
一个情人。 "

∧ Ryan 如今已经是个家喻户晓的人物了

西海岸改装：自我奋斗和自我缔造的力量

West Coast Customs 简写为 WCC，中文可以直译为西海岸改装。这个总部位于美国西海岸加利福尼亚州的汽车改装品牌，成立于 1993 年，创始人是 Ryan Friedlinghaus。在美国，西海岸可谓闻名遐迩。知道 Ryan 大名的不仅仅是改装车的发烧友，毫不夸张地说，他已经是个家喻户晓的人物。他连续多年和 Fox 体育台合作，先后推出电视节目 *Pimp My Ride*（《旧车创意改》），*Inside West Coast Customs*（2011—2013 年，30 集），*West Coast Customs*。

1993 年，18 岁的他靠在父亲的贩酒店打工攒下 5 000 块钱，开了间一个人的改装车小作坊。仅仅 20 年的时间，他从白手起家一路做大，现在手下已经拥有 20 人的专业技师队伍，小作坊也摇身变成大厂房。

Ryan 非常富有个人魅力，大家津津乐道的不仅是他的专业水准，还有多年的坚持、努力和勤奋。就像他手上的文身"Self Made"所表达的，他始终相信自我奋斗和自我缔造的力量。虽然已经坐拥几千万美元的身家，但是每天都能在厂子内看到他亲力亲为。他有两个儿子，大儿子 Little Ryan、小儿子 Dylan。他曾经在福克斯的一期节目中带着老婆和两个儿子重新探访了这些年开过改装厂的不同地点，有的厂子现在已经变成了餐厅——他想通过重访自己的过去，让儿子们了解到今天的财富和生活是靠一点一滴的努力换来的。但是想让从小衣食无忧的孩子去真正理解来之不易，恐怕没这么简单。

西海岸改装的最新厂房坐落在伯班克，刚刚搬过来一两年的时间。新的厂房干净明亮，完全颠覆了我们心中对汽车改装厂杂乱无章的偏见。一进门的区域是一个展示厅，被称作 gallery 或是 museum，访客可以在这里集中看到十几款风格各异但都超级炫酷的改装车。

改装车——永不落幕的美国精神

汽车改装文化，重温旧日时光

　　对美国人来说，汽车就是一个无法离开的朋友、伙伴、家人，或者可以说是自己最钟爱的情人。无论是当初穷小子们在杂物间里摆弄的产物，还是正经改装车间里精心改造的成果，或者是上流社会明星们竞相追逐的特殊座驾，都是改装文化的组成部分，其本质追求无非是张扬个性，以最特立独行的模式（炫造型、炫速度、炫涂装）呈现自己与众不同的品位。这种追求，其实也正是汽车不断发展的原动力。

　　从这个角度说，Hot Rod 最重要的意义，在于赋予汽车新的灵魂。这，也是永不落幕的美国精神。

> 将汽车按照心意加以改造，既像是平日出门穿上一件漂亮的衣服，又似乎赋予它一种特殊的纪念意义。它是彰显独特个性和自由自我的方式，也是以微小力量引领时代潮流的象征。

> 对改装车的追求正是汽车不断发展的原动力

导演拍摄手记

作为一个以消费为主导的国家，美国人没有把汽车当作奢侈品来看待，他们更多的是怀着一种"玩车"的心态。

西海岸改装作为一家汽车改装店闻名遐迩，西海岸改装和 Ryan 的知名度可以从一篇盘点全美改装车行的文章中找到线索："如果你没听说过西海岸改装，你得安个有线电视网了。"到西海岸改装，甚至成了汽车改装族的一种生活方式。

在"世界汽车文化之都"洛杉矶的街头，或许有一天，你就能看到他的身影。

1

城市的个性如此充满魔力，北京、上海、罗马、巴黎，每个地名都代表着一种气质，一个名词可以当作形容词使用，比如说"你这个人很北京，你这个人很上海"，大体也就可以感受这个人的基本特征吧。

这就是城市性格的魅力。

Los Angeles，洛杉矶，天使之城。在抵达之前，我们对这座城市的印象是：浮华、纸醉金迷、包罗万象。

来到这座拥有好莱坞，也拥有湖人队的城市之后才发现，它的丰富和庞大远远超出想象。作为城市来说，它是现代分散化城市的典范，并没有一个起支配作用的中心，城内长达1 000余公里的高速公路网如蛛网密布，近百个小城市通过各种高速路连接起来，无数穿梭的汽车便是这座城市汩汩流动的血液。

但是，如果在洛杉矶旅游而不自驾，真的很费时费力，因为作为仅次

∧ 汽车天堂洛杉矶的高速公路如蛛网般密布

∧ 摄制组的任务之一就是拍摄洛杉矶著名的公路景观

于纽约、芝加哥的美国第三大城市，洛杉矶的公交线路并不多，也没有地铁。作为世界汽车文化之都的洛杉矶，不但较早普及了汽车，也在全美国拥有最多的汽车。

洛杉矶的双向十车道或者十二车道的高速公路非常壮观，可相对每天数百万上千万辆的车流还是显得拥挤不堪，在很多时候，只能被密集的车流裹挟着不停地向前。有一种说法，这里几乎人人都是驾驶老手，车速飞快，车距却跟我们国内市区道路差不多。

洛杉矶拥有发达的汽车文化。一路驰过，路上的名车豪车限量版汽车如过江之鲫。更有意思的是，周围那些个性张扬的装饰，也让人鲜明地感受到当地人五花八门的独特个性。他们或者在车上插着所支持球队的旗帜，或者喷着给情人的甜言蜜语，到处是"语不惊人死不休"的阵势，到处是特立独行的张扬。而这一切给我们极强的刺激，因为对于一群旨在寻找最酷改装车的我们来说，这里就是天堂，是汽车的天堂，也是改装车的天堂。

2

西海岸改装厂的厂房里常年停放着一些明星的车辆，有些是存放在改装厂的，每次他们到洛杉矶都会来取车，而平时不用的时候就放在车间当作展示车。

黑眼豆豆合唱团（Black Eyed Peas）的首脑人物 Will.I.Am（威廉）就是个不折不扣的改装车迷。威廉找到 Ryan 的时候，就只有一个要求，希望把这辆德劳瑞恩打造得看上去具有 2020 年的未来科技感。Ryan 和他的设计师们对这辆车做了大刀阔斧的改装，唯一保留的，就是这两扇德劳瑞恩标志性的车门。除此之外，他们改变了车身的形状，车体的宽度——每侧都比之前宽出了 0.23 米。他们更换了发动机、后轮、全部内饰和所有的挡风玻璃。用 Ryan 的话说，德劳瑞恩原本的仪表盘毫无亮点。于是他们添加了更具质感的木质材料和皮质材料，内嵌了 iPad 和单独控制音量的按钮，这样威廉可以随时把音量调到很高。如今在特斯拉或者其他品牌的车上，这些设计已经不算新鲜了，但是 Ryan 很骄傲地说，是他们引领了这个潮流。

欧美流行音乐王子贾斯汀·比伯也在 Ryan 的改装厂改造了数台座驾，其中一辆十分前卫个性的蝙

∧ 厂房内存放的车辆平时就当作展示车

∧ 在改装厂，你能见到各种意想不到的外形的跑车

∧ 西海岸改装厂总是能恰如其分地契合车辆自身的风格

∧ 摄制组在调试设备

∧ Ryan 将 Will.I.Am 的德劳瑞恩打造得极具未来科技感

∧ 为拍摄车间做准备

蝠车就是由 Ryan 亲自操刀的。这辆价值 19.7 万美元的凯迪拉克 CTS-V 跑车全车均以漫画人物蝙蝠侠为主题进行了设计，贾斯汀·比伯为它取名 Bat-illac。除此之外，这个潮男孩儿还将他的法拉利 458 在西海岸改装厂打造成一辆炫酷的"蓝色恶魔"，在我们录制期间，他这辆座驾正存放在车间做展示车。

Ryan 最忠实的客户还包括 NBA 球星大鲨鱼奥尼尔。他这些年为奥尼尔改装了二十几辆车，作为车迷的奥尼尔特别热衷于买车、改装、换车、再改装……出于对 Ryan 的感激，奥尼尔把其中一辆改装车作为礼物送给 Ryan，这辆车就长期停在厂房里。

除了明星和普通人，西海岸改装还有一类固定客户来自企业。

西海岸改装声名在外，总是能恰如其分地契合企业品牌和车辆自身的风格，如果没有深厚的功底是无法做到的。所以包括惠普、微软、Skype 在内的各大企业都趋之若鹜，请西海岸改装为他们设计品牌展示车。

∧ Ryan 非常富有个人魅力,除了专业水准,还有多年的坚持、努力和勤奋

3

其实在针对汽车的改装历史中，美国人从来没有停止求新求异的脚步，改装也随着时代不同而出现了不同的潮流，在 Hot Rod 之后，出现了 Drag Race——短道直线竞速。虽然是一种比赛形式，但它与 Hot Rod 文化有着密不可分的关联。20 世纪 30 年代在干枯河床上的比赛实际上就是 Drag Race 的前身。第二次世界大战后，由于美国大量小型军用机场废弃，赛车迷们开始租用这些机场的跑道进行比赛。另一种流派则属于 "Restoration"：复原。顾名思义，"Restoration" 就是把老车修复，使其重拾旧日风采。国内多数老爷车爱好者属于这一类。

而我们寻访的西海岸改装则是另外一派，真正意义上的"改装"——Custom，一种最需要创造力和审美的方式。

对美国人来说，汽车就是一个无法离开的朋友！对于有些人来说，甚至可以把汽车看作是家人。将汽车按照心意加以改造，既像是平日出门穿上一件漂亮的衣服，又似乎赋予它一种特殊的纪念意义。它是彰显独特个性和自由自我的方式，也是以微小力量引领时代潮流的象征。但是，就像 Ryan 说的：

"20 世纪 90 年代崇尚单色，铝部件使用频率很高。而最近又开始流行铬合金装饰和细致的车身喷绘，仿佛回到了 20 世纪 50 年代。然而，无论潮流怎么改变，人们对改装的追求依旧不变：更好的性能，更炫的外观。"

(作者: 张苡芊)

改装车——永不落幕的美国精神

爵士传奇——
用浪漫表达人生
Legend of Jazz—
Express Life in Romantic Terms

典藏厅是你可以听到所有好音乐的地方。

爵士乐是美国最足以傲人的最具世界性影响力的艺术。

和爵士小号手威尔的相遇，是在整个美国旅程中最神奇的片段。

扫码观看本集 VR 视频

门面破旧得像是黑奴时代的监狱，狭窄的场地旧得要死，连墙纸都剥落了，可就是在这间屋子里，有着最地道的新奥尔良爵士乐，这里孕育了路易斯·阿姆斯特朗和雷·查尔斯的新奥尔良爵士乐。在里面听音乐，犹如时光倒流 100 年。

We'd love to share this experience with you, not your telephone.

NO PHOTOS OR RECORDING

PRESERVATION HALL JAZZ BAND

THAT'S IT!

L LEGACY | That's It! / Dear Lord (Give Me The Strength) / Come With Me / Sugar Plum / Rattlin' Bones / I Think I Love You
August Nights / Halfway Right, Halfway Wrong / Yellow Moon / The Darker It Gets / Emmalena's Lullaby

∧ 1920 年的新奥尔良街头狂欢节

传奇般的新奥尔良

新奥尔良，仅次于纽约的第二大海港城市，曾经是贩卖黑奴的中心。

古老之城，灵力之城。在这里根本不需要解释狼人、吸血鬼、幽灵与僵尸的由来；这里的窄街、汽油灯、湿漉漉的街角，气质里携带的尽是冷漠离奇之美。

外埠绅士斥之为"罪恶之邑（City of Sin）"，吃喝玩乐之徒赞美它是"大快活（Big Easy）"，新奥尔良的饮食在全美排第三位，在国际上排第十三位。

这里有法国式的古雅浪漫，也有西班牙式的纵情狂欢。每年 50 万人参加的忏悔的星期二（Mardi Gras）狂欢，人们戴着面具，穿着光鲜闪亮的服饰，舞动着放浪形骸的身体，据说场景犹如"密西西比河泛滥"。

总之，除了没有我们中国小孩熟知的新奥尔良烤鸡翅，这里一切都有。

这里还是爵士乐和布鲁斯的诞生之地。

∧ 新奥尔良每年一次的狂欢节大游行延续至今

> " 这样一家'年久失修'、不卖饮料、不做任何广告、只靠大家口口相传的乐吧，每场演出前门口却都会排起长龙。"

为真正的爵士乐而来

　　寻找爵士乐，最有名的是波旁街，欧洲古老情调的建筑，凌乱、拥挤的街区，每天吸引着来自世界各地的画家、音乐家、作家在此流连忘返。每当夜幕降临，波旁街就变成一片音乐的海洋，古典和现代的爵士乐、布鲁斯、摇滚乐从敞开的店门里汹涌而出，在街面上横冲直撞。波旁街上还有许多限制级的酒吧，里面总会有身材婀娜的年轻女子，在红色的灯光下舞弄着身体。从 19 世纪 90 年代开始，波旁街一带就被认定为新奥尔良合法的"红灯区"，而妓院大多会聘请乐师为脱衣女郎伴奏，一时间，这里成了爵士乐的大本营。许多知名的爵士乐手，比如中音

∨ 灵魂歌王雷·查尔斯开创了节奏布鲁斯音乐

号和短号手乔·奥利佛和钢琴手杰里·默顿等都曾在这些妓院做乐师。尤其值得一提的是被称为"小号之王"的巴迪·伯登，他被认为是爵士乐的"第一人"。1895年，从小学习小号的伯登在新奥尔良组建了乐队，在各个酒吧表演。由于乐队的成员都不识谱，因此不得不即兴演奏。他们以简单的"1-2-1-2"游行乐队式的节奏为基础，创作出自由奔放、不受约束的音乐。这样的音乐形式在新奥尔良的酒吧里流行开来，成为爵士的形式基础。

可能是因为有着"红灯区"的"前科"，波旁街给人的感觉总是带着一股风尘味。离开波旁街，我们信步来到了与之毗邻的圣彼得街，在这里，我们遇到了我们想要的故事。

∨ 路易斯·阿姆斯特朗用小号表达着他的活泼与嬉皮

初次感受典藏厅

爵士乐大师路易·阿姆斯特朗曾说过："典藏厅是你可以听到所有好音乐的地方。"

典藏厅成立于 1961 年，为保存和延续美国传统的新奥尔良爵士乐而建。典藏厅这个名字既指音乐表演场地，也是巡回乐队、唱片公司和非营利性组织的名称，是新奥尔良的爵士音乐和文化的基石。

典藏厅坐落在著名的法国区，圣彼得街 726 号。作为新奥尔良爵士乐的最高殿堂，它却有着十分朴素——或者说简陋的门脸儿。弯曲的铁架支撑着陈旧的门廊，一根铁链吊着一块近乎黑色的木板招牌，上面刻着金色的"PRESERVATION HALL"。本色木门久未粉刷，里面小小的演奏厅可以容纳 60 人左右，所谓观众席只是简单地摆放了几排长凳，前排还有可以坐的地垫。空间局促，灯光昏暗。这里每天晚上有 3 场演出，每场 45 分钟，演出频率非常高。一拐弯就是灯红酒绿、酒吧扎堆的波本街，这样一家"年久失修"、不卖饮料、不做任何广告、只靠大家口口相传的乐吧，每场演出前门口却都会排起长龙。

只要你有幸看过典藏厅的演出，你就会明白那种不可言说又独一无二的魔力。原汁原味，就是典藏厅想要提供给每一个人的感受。这个有着 200 年历史的场地，是目前能够欣赏到最原汁原味的新奥尔良爵士乐（Traditional New Orleans Jazz）的唯一去处。

∧ 弯曲的铁架支撑着陈旧的门廊
∨ 典藏厅每场演出前门口都会排起长龙

典藏厅当家小号手威尔·史密斯

　　爵士乐是美国最足以傲人的最具世界性影响力的艺术，也是美国唯一的原创艺术。这里的乐手犹如新奥尔良爵士乐的守护神一样，他们坚守着，让每个观众听到路易·阿姆斯特朗曾经听到的所有好音乐。

　　在这群乐手中，我们选择的主人公——威尔·史密斯——是典藏厅的当家小号手。今年54岁的他，正式职业是教师，已经教了21年书，再有4年就退休了。他教的学科与音乐无关，是面对自闭症儿童的特殊课程。孩子们的年龄在12岁左右，目前班里有4名学生。他每天早上7点前出门到学校上早课，下午3点接儿子下学，辅导儿子做家庭作业，傍晚演出。每周有几个晚上固定在典藏厅演出，其他个别的时候接一些零散的活儿。2005年，卡特里娜飓风给新奥尔良带来了巨浪和洪水，同时也将他带到了典藏厅，开启了这为爵士乐而存在的后半生。

　　"活了50年，懂得凡事往前看的道理。记忆就像是卡特里娜，会在你全无准备的时候，忽然袭击你，让你好长时间缓不过神来。根本就不必念念不忘，你应该做的，是像留在这片土地上的勇敢的人民，带着音乐、热情和希望，面对未来。"

　　威尔和他的伙伴们用浪漫表达着人生，又用生活讲述着音乐的故事。不得不说，是他们让新奥尔良这片爵士乐的发源地继续着它的传奇。

<　小号手威尔为
　　我们讲述他的
　　故事

>　吹起小号，威尔
　　充满激情

∨　威尔和他的伙
　　伴们用浪漫表
　　达着人生

"这就像是卡特里娜赠予他的一份宝贵礼物，让威尔和他的伙伴们用音乐去诉说这个饱尝飓风洗礼的城市过往的故事，使人品味爵士乐里流淌的欢笑与泪水。"

导演拍摄手记

　　无论是大城市还是小镇子，美国给人最直接的印象就是满地的连锁店——渴了去星巴克，饿了有麦当劳、汉堡王、塔可钟（tacobell）、Wendy's，想逛街的话很容易找一间梅西百货（Macy's）或是诺德斯特龙（Nordstrom）。也许对于某些人来说，标准化的流程会带来安全感——所有的体验都符合预期；但是对于另外一些人来说，还是更喜欢不期而遇的惊喜。

　　旅行的意义，应该不是穿过大半个地球，走进一家星巴克点一杯再熟悉不过的焦糖玛奇朵吧。如果你也喜欢充满独特气息的地方，如果你爱音乐爱美食，那你肯定会跟我们一样，被新奥尔良彻底捕获。

1

　　新奥尔良，位于美国路易斯安那州的最南端和密西西比河的入海口，它是美国除纽约之外的最大港口。1682 年，法国人来到这儿，为了在新大陆上重温昔日法兰西帝都奥尔良的梦想和荣耀，将这块土地命名为新奥尔良。邮寄地址上，"新奥尔良，路易斯安那州"的英文首字母缩写是"NOLA"，新奥尔良人会亲切地把它称作"诺拉"，多么美好的名字。另外，由于新奥尔良建于密西西比河河口，在这个河段密西西比河拐了一个大弯，所以这里也被称作"新月城"。

　　现在云淡风轻地写着美好的新奥尔良，但实际上第一次去新奥尔良的时候，简直是焦虑到爆表。由于总制片人对于制作周期的坚持，我们还没锁定好故事就被迫带着未知踏上了调研路。

　　我们始终很想拍一个跟音乐有关的故事，美国加音乐，很自然地就想到了爵士乐，想到了爵士乐的发源地新奥尔良。

　　从飞机降落在这座城市，几乎每时每刻都被音乐环绕着。机场是用爵士乐大师路易斯·阿姆斯特朗的名字命名的，在行李转盘前等待的时候，身边竟然有一支爵士乐队欢迎大家。走在街头，无论是商场的橱窗还是街头的艺人，都在提醒我们来到了"爵士之都"。

2

在新奥尔良,要欣赏高水准的现场演出,法国街(Frenchmen St.)是首选。法国街和迪凯特(Decatur)上有很多很棒的酒吧。周末的晚上几乎是家家爆满。相比名扬四海的波旁街(Bourbon St.),这里汇聚着更多的当地人。我们穿梭在口碑最好的几间酒吧,却一无所获。

虽然一直没能锁定拍摄对象,但是我们早就在心里锁定了一个拍摄地点——典藏厅。

在调研之行的最后一晚,还是一无所获的我们再次买了典藏厅的演出票。每场演出都会有一位乐手充当当晚的"主角",他会代表乐队向观众致辞。这一晚的主角是小号手威尔·史密斯。我们买了便宜的后排座位,确定不了选题的焦虑让我们成了场子里最心神不宁的两个人。

∨ 街头处处充斥着嬉皮风格

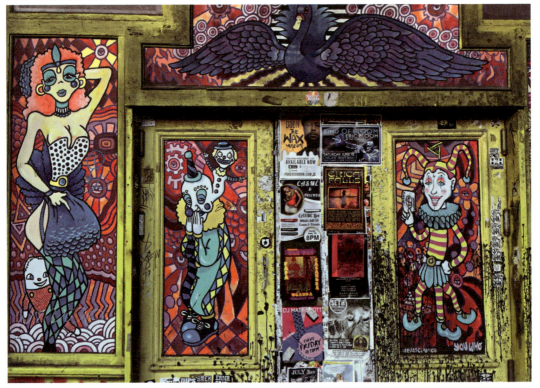

∧ 调研之行的最后一晚我们遇到了要找的人

　　这时候突然间如有神助，威尔唱了一首《唐人街，我的唐人街》Chinatown, My Chinatown。并不是爵士粉的我是第一次听这首歌，轻松诙谐，中间还夹杂各种插科打诨，说了句"Who can teach me Chinese"！一曲终了，大家掌声不断，我趁机站起来大吼："I can teach you Chinese!"全场都开心地笑起来，威尔完全没想到居然会有中国人在现场，满脸惊喜。演出结束之后，我们和所有人一样，跟乐手们一一握手表示感谢。威尔很开心地说："真是没想到，这个惊喜太棒了。"这时候他注意到我穿的 T 恤上是一个大大的小号，兴奋不已地让其他乐手来围观。我们赶紧趁热打铁说明来意，就这样，我们遇到了一直想找的人。

∧ 典藏厅室内的布置充满了复古感

3

　　威尔颇为自豪地跟我们说，除了目前的老板之外，他是最了解典藏厅的人。而他和典藏厅的缘分源于他的姐姐多迪（Dodie）和姐夫约翰（John）。威尔的母亲一共生了 10 个孩子，他是最小的一个。当他出生的时候，姐姐多迪已经嫁人，并在典藏厅打工。看到母亲负担太重，她主动要求带弟弟威尔。"近水楼台先得月"——每天晚上，姐姐都会带他去典藏厅看晚上 8 点的演出。那个时候，爵士鼓还都是放在鼓箱里每天运来运去的，小小的威尔可以坐在鼓手后面的鼓箱上。这样的音乐启蒙教育，加上姐夫的影响，让威尔从小就梦想做一名小号手。

　　多迪除了在典藏厅工作，还承担了很多爵士乐手的照料工作。20 世纪 60 年代，很多传奇大师已经步入暮年，多迪白天会给他们采买日用品、打扫卫生，还会做好红豆饭给他们送去。威尔跟着姐姐四处奔走，也得到了和这些老一辈传奇乐手接触的机会。他提到传奇人物弗莱迪·凯帕德（Freddie Keppard）的弟弟路易斯·凯帕德（Louis Keppard）。

威尔跟着姐姐去路易斯家时，老人已经95岁而且双目失明，但是他会给威尔讲很多故事。路易斯是1888年生人，那些故事多是19、20世纪之交的事，从爵士乐起源的亲历者口中听到那些神奇的故事，对于威尔来说是一笔巨大的财富。

4

2005年的卡特里娜飓风让新奥尔良损失惨重，居民纷纷撤离。现如今这里的人口只有37万多，是继底特律之后，美国第二个市区人口出现大规模下降的大城市。虽然法语区老城受灾并不算太严重，但是由于游客敬而远之，典藏厅关闭了整整8个月。在这段时间里，威尔带着家人第一时间逃离了这个重灾区，躲过了城里最为混乱的日子。回忆起当初逃难的日子，威尔现在还心有余悸。他说，那时候想找个落脚的地方非常困难，他曾经和28个家庭成员挤在一个小房子里。

∨ 2005年的卡特里娜飓风让新奥尔良损失惨重

< 爵士乐是这座城市的灵魂

但是，同样因为这场毫无预兆的飓风，新奥尔良音乐面貌发生了微妙的变化。威尔说，他其实也很感谢这场飓风，因为灾难过后，有一半以上的乐手都迟迟没有返回新奥尔良。为了凑够乐队成员，白人乐手不得不与黑人乐手合作组建乐队，他也和几个志同道合的同伴一起成立了"The Palmetto Bug Stompers"乐队。

这就像是卡特里娜赠予他的一份宝贵礼物，让威尔和他的伙伴们用音乐去诉说这个饱尝飓风洗礼的城市过往的故事，使人品味爵士乐里流淌的欢笑与泪水。

在路上的意义，除了眼前变幻的风景和花样翻新的美食，更重要的是遇见的那些人。和爵士小号手威尔的相遇，是在整个美国旅程中最神奇的片段。

到新奥尔良别忘了去看他的演出。

（作者：张苡芊）

∧ 乐手们让新奥尔良这片爵士乐的发源地继续着它的传奇

去博物馆——给孩子意想不到的快乐和成长

Go to Museums — Give Children Unexpected Happiness and Growth

博物馆最重要的功能是教育，而不是旅游。

"Be respectful! Be safe! Have fun! "

休斯敦就是这样一座有机的城市，新鲜、自然，没有污染。

扫码观看本集 VR 视频

博物馆是一个建立在平等基础上的共享空间。在这个空间里面，知识和艺术是民主化的，每个人都有相同的机会去获取、去质疑、去体验。教育不是要装满一桶水，而是要点燃一把火。

这把火怎么点？带上孩子去博物馆吧！

For the eyes of the world now look into space,
to the moon and to the planets beyond,
and we have vowed that we shall not see
it governed by a hostile flag of conquest,
but by a banner of freedom and peace.
—John F. Kennedy

∧ 西方很多博物馆都有儿童体验项目，去博物馆进行活动和学习，俨然成为了他们的日常生活

在寻找美国故事的过程中，我们放弃了极具传奇色彩的独臂厨神，放弃了三星米其林餐厅的饕餮享受，甚至也放弃了西部得克萨斯州（以下简称"得州"）的牛仔之旅，看上去放弃的这些内容都要比我们最终选择的更有意思、更好玩。

但我们还是选择了另外一个：休斯敦儿童博物馆。

我们隐隐感觉，这个题材要比上述的备选项更有价值，特别是对于有了孩子、能有条件带孩子出国旅游的父母来说，如果能出去看看世界，别忘了带孩子去当地的博物馆。

为什么要去博物馆

有几次经历让我感受颇深，一次是在罗马，斗兽场一侧的君士坦丁凯旋门，当时的我为了躲避暴晒的太阳而坐在路边的树荫下休息，无所事事地看着来往的游人。突然一支 10 人左右的小朋友队伍映入眼帘，他们在老师的带领下，走到凯旋门的脚下。老师开始讲解城门的故事，然后让孩子们观察墙上的雕塑，各自选择自己喜欢的人物进行写生；还有一次是在罗浮宫，依然在如流的人群中，一队小学生涌进博物馆，在工作人员的带领下，径直走向某一幅名作之前席地而坐，摆开阵势拉练作画……

　　这两个偶然的场景真实地触动了我。我国的大城市里固然有针对小朋友们的博物馆活动，但是，在国外的孩子们看来，去博物馆进行活动和学习，俨然成为他们的日常生活。因为从他们淡定和泰然的表情上能看出来，这只是他们的一次日常习作而已，稀世珍宝和名家大作，对孩子们是如此慷慨。

　　为什么要让孩子们去博物馆呢？

　　西方教育理念的共识之一是：博物馆最重要的功能是教育，而不是旅游。据统计，美国有88%的博物馆提供从幼儿到少年的教育项目，70%的博物馆在过去5年中增加了面向教师和学生的新服务，而且还有300多座儿童博物馆，平均每2万名儿童就拥有一座博物馆。此外，西方很多博物馆都有儿童体验项目，比如，法国的修道院遗址就会给每个孩子发作业——小朋友胸前都挂着一块小方牌子，上面有不同的图案，让孩子们在博物馆地面上去找，地上铺着不同图案的瓷砖，都是古物，找到和自己胸前图案一样的瓷砖就能获得奖励。又比如，在花园旁边的走廊上，有孩子围在工作台边敲敲打打，学习做砖雕，有专门的成人做指导，让孩子们拿着大榔头和大凿子，敲击石膏板，做立体雕花。孩子们个个聚精会神，专心操作，家长和老师并不担心孩子们砸了手，划破了皮。在图书馆里，另一批孩子在做手工劳作，往塑胶泥板上插摆各种颜色的小人、小树和小房子，做园林立体设计，完全凭自己的想象，任意发挥，独辟蹊径，自成一派。

∧ 博物馆就像一个巨大的儿童体验馆，孩子们可以充当各种角色

世界上最好玩的儿童博物馆之一

基于这样的认知，我们在美国选择了休斯敦儿童博物馆，这是美国最受父母欢迎的儿童博物馆，每年吸引 75 万多名游客来到这里。

博物馆不同于人们传统印象中静态的博物馆，而更像是一种儿童游乐场加上各种可以玩的和与科普知识有关的器械，互动性十足。

博物馆的外形出自于著名建筑师文丘利·斯科特布朗之手，设计师用不到 400 万美元实现了一栋建筑所能承载的梦想，古典风格的色彩，既不令人感到沉闷，也不使人觉得它带有倾向性，并且整个建筑使用儿童语言代替了居高临下的说教。与其说这是一座博物馆，倒不如说是一个巨大的儿童体验馆。

走进休斯敦儿童博物馆，给人的第一印象是"大"，在这里，孩子们可以在溪流中创建水槽、赛船，或在宽敞的温泉区嬉戏；也可以在自动取款机办理一张"借记卡"去商店购物，然后完成厨师、警察、艺术家等工作来"还钱"。孩子们在这里不仅可以玩得尽兴，还可以学到知识，以直观的体验和愉快的事物来支持他们对现实世界的体验学习。

在这里，我们直观地感受到了儿童博物馆"以儿童为中心"的服务理念，"动手操作""互动探索"的教育理念，以及"带着你的父母去看博物馆"的亲子理念。

团队里的同事周天生长在北京，高大帅气，在美国从事过幼教工作，经验丰富。他和我分享了在美国幼教的一点感触颇深的心得体会：美国的基础教育确实很轻

" 在美国的教室，黑板上从来不会写类似'好好学习'之类的标语，而是会写着'Be respectful! Be safe! Have fun!' "

∨ 两位小引导员兴奋地为我们介绍博物馆的各种功能

∧ 有些项目父母也能参与其中

松，学校教得简单，作业也很少，所以孩子们的学习压力都不大。而家长的态度更是和国内不一样。

一般家长来送孩子上学，中国家长会说："乖，要好好听老师话！""好好听课！"

而美国的家长则一般会说："Have fun！""Enjoy！"

教室黑板上从来不会写类似"好好学习"之类的标语，而是会写着"Be respectful！ Be safe！ Have fun！"

在小水渠旁，孩子们用量杯舀水，有的玩漂浮球，有的压水泵，也有的玩水动力球，还有的画水画……在"建筑工地"，有一面墙挂满了各种建筑、制造工具——砖块、螺丝钉、板材、塑料管、胶水、染料。孩子和家长可以充分发挥想象力和创造力，通过拿、搬、举、抬、推、垒等动作，通过堆叠、组装、拆卸、绘图、匹配，学会高低、大小、尺寸、形状，并尝试冒险、成功、失败等经历，学会坚持、经得起挫折；同时学会与其他小朋友合作、互动互助，懂得分享他人意见、共享成功……这是多么难得的"玩"。

在儿童博物馆的进门处醒目的"Power Play"映入眼帘。爱因斯坦说："Play is the highest form of research。""玩"给孩子们带来意想不到的快乐与成长，以"玩"贯穿各种活动和学习当中。

出发吧，逛博物馆比玩手机酷多了！

用文字讲述博物馆的故事是一种尴尬，因为它难以形象地呈现博物馆的好玩之处，我们的建议是，如果戴上 VR 眼镜，感觉 3 分钟的时间，你一定会有独特的体验，特别是像休斯敦儿童博物馆这样的地方。

现在，我们的眼和手越来越多地被禁锢和束缚在电子屏幕上。生活在拇指时代的孩子们更无法幸免：当他们在商场的游乐场里嬉闹，在手机屏幕上熟练地玩各种游戏，在麦当劳的餐厅里吃着垃圾食品的时候，西方一些国家的孩子，是泡在博物馆、美术馆和古迹名胜里，时间久了他们会把这些地方当成一生的最佳去处。因为，他们长大了还会反复地去，不只自己去，还会带着孩子，一辈子要去无数次。

所以，到此为止，我们大概可以回答最初的问题了：为什么要去博物馆？

很重要的原因是好奇心，而博物馆本身就是关于好奇心的房间。

当然也可以是为了激发灵感，比如说罗浮宫，一开始就是缪斯的神殿。

也可以是追求文化上的归属，博物馆一直与品位、文化、知识息息相关。

对于孩子们来说，他们可以了解这个世界运行的原理，各种博物馆，代表着人类对自然世界和文化艺术无休止地好奇和探索，创造与欣赏……

对于亟须认识世界的孩子们来说，有什么理由说不呢？

∨ 放下手机，去博物馆吧

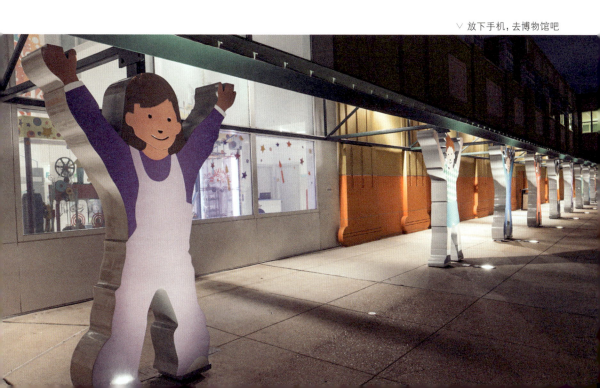

导演拍摄手记

　　姚明——这是大多数人听到休斯敦这个词之后的第一反应。NASA 宇航中心或许是映入他们脑海的第二个瞬间。再努力想想，关心美国文化的人可能还知道两次获得 NBA 总冠军的火箭队主场丰田中心和全美排名前 20 的莱斯大学。除此之外，这座位于得州南部的城市就像太平洋中的复活节岛一样，为人所知，却不为人所了解。

　　这样一座城市是不会轻易地出现在一个旅游者的愿望清单上的。纽约、洛杉矶、奥兰多的迪士尼公园，和优胜美地国家公园等都是外国游客耳熟能详的景点，而拥有 210 万人口的美国第四大城市休斯敦却只能偏隅得州的最南边，被人忘却，就算是去得州体验牛仔风情的人们，往往也不会选择休斯敦作为他们的目的地。

　　休斯敦也许在等待着它的下一个姚明。

1

得州的热在全美已是臭名昭著的了。据一个在得州留学的中国人说，每逢夏天上课，他出门都是要跑的，因为实在太热、太晒。我们抵达休斯敦之时，恰逢9月，不知道是因为秋天已经到了还是因为心里做好了准备，休斯敦的热竟显得不那么厉害。

我对休斯敦的最初印象几乎全部来自于中央5套NBA转播。NBA比赛暂停时常常会放一段当地的风景。直升机高高悬挂在丰田中心的头上，漫无边界的休斯敦给人的感觉就是"秃"，以至于我曾一度认为这是一座沙漠中的城市。然而，这印象在我第一天抵达时，就被城市街道旁整齐的绿树和市中心高耸的天际线彻底地改变了。

∨ 得克萨斯长角牛是这片土地上的明星

去博物馆——给孩子意想不到的快乐和成长

∧ NASA 宇航中心的印象几乎体现在休斯敦的任何角落

　　若让我给如今的休斯敦市容排一个名次的话，它绝对在我所去过的几十个美国城市中名列前三。这里没有纽约街头不堪入目的垃圾，没有洛杉矶高速公路上呛人的尾气，没有波士顿 19 世纪遗留下的拥挤街道。只有平整的柏油马路、环绕全城的高架桥和没有车辆高峰的公路。

　　雄厚的财力还体现在市中心的天际线上。休斯敦拥有整个北美第四高的天际线，仅次于纽约、芝加哥和多伦多。市中心鳞次栉比的建筑多出自于享誉世界的建筑名师，著名华裔建筑师贝聿铭先生也在这座城市留下了他的作品。

　　尽管有着接连成片的高楼，休斯敦人似乎并不在乎他们是否存在。埃利诺廷斯利公园（Eleanor Tinsley Park）是观赏休斯敦市中心天际线的最好地点了，这里的人们无心观赏城市的风景，只是悠闲地遛着狗，成群结队地跑步，或是带着孩子们在草坪上扔飞盘，咫尺之遥的城市不过是他们生活的背景罢了。

2

任何一个喜欢艺术的人都不会错过纽约、洛杉矶、芝加哥和波士顿这 4 座城市。同样，他们没有任何理由错过休斯敦。

休斯敦有一个博物馆区，它是美国最大的博物馆群，由 19 个不同的博物馆组成，每个馆之间步行即可到达。这简直是对热爱艺术的人的一种恩赐。一个经常逛博物馆的人往往会喜欢中等规模的博物馆，这样的博物馆既有足够多的馆藏，又不会消耗过多的体力。在这里你不仅可以静下心来欣赏凡·高、塞尚和亨利·马蒂斯的画作，也可以在马克·罗斯科的色彩中冥想。休斯敦还有一个横跨 17 个街区的戏剧区，全美只有纽约有比这里更加密集的戏院。

∨ 休斯敦简直是对热爱艺术的人的一种天赐

∧ "有机"几乎可以用来形容美国中产阶级的生活态度

3

美国都市里，领着不错薪水的白领们都喜欢去有机超市购物。"有机"其实就是自然，没有污染。如今这个词几乎可以用来形容一种美国中产阶级的生活态度了，它代表着一种更高的生活质量。休斯敦就是这样一座有机的城市，新鲜、自然，没有污染。

每一个休斯敦人都为这座城市感到骄傲，不是因为这里有着多少的博物馆和多高的经济水平，也不是因为这里生活过哪些名人，而是因为这座城市的人文和舒适。一个休斯敦人告诉我说，虽然这里的夏天比较难挨，但是一到冬天，休斯敦就是天堂。

在普遍的高收入下，这座城市还有着低于全美水平的税率和房价。我曾随机采访过不少当地的家庭，他们都觉得在休斯敦生活的成本更低，所获得的实际收入更高。也因此，他们不愿意居住在像纽约和洛杉矶那样的大城市中。

4

中庸是中国哲学中最深层的一个概念，是儒家所鼓励的为人处世的行为准则，不偏不倚，不卑不亢。中庸不是不作为，而是坚守自己的信念，谦虚为人，张弛有度。休斯敦这座城市恰恰完美地体现了这一哲学理念。

众多的人口，广阔的面积，发达的经济，完善的基础设施，高质量的教育，丰富的文化项目，宜人的居住环境都不是休斯敦人想要用来炫耀的地方。他们不过把这里当作自己度过 365 天的地方，博物馆是周末可以休闲的去处，公园是与孩子共度童年的游乐场，剧院是情侣约会的地点。这里的一切属于这座城市，这座城市也属于这里的一切，一分不多，一分不少。

也许休斯敦并不需要另一个姚明。

（作者：周天）

∨ 在休斯敦人眼中，这里便是天堂

后记

是好奇心促成了这次《奇遇》

本书总执笔　欧大明

奇遇·伙伴

2016 年 3 月，我接到了一个电话，那头是熟悉的低沉声音："在忙什么呢？有时间坐坐吧。"

跟赵琦认识 10 年以上，通电话却没有超过 10 次，但彼此十分熟悉，他绝不是一个没事就邀别人"有时间坐坐"的人。果然，在朝阳路的一家咖啡馆里，他张口就问："你知道 VR 是什么吗？"

后来了解到，《奇遇》美国线的导演张铭欢在比我稍早一些时候，也接到了同样的电话："有时间坐坐吧。"后来跟铭欢聊到此处，相视大笑。

铭欢兄在纪录片界也是一个安静的高手，《舌尖上的中国》第二季执行总导演、《与全世界做生意》执行总导演，他的作品都是极其扎实有力的东西。当时我就想，赵琦把我们叫到一起，或许是要搞事情了。

4 月，我们坐到了同一个房间内，那是一个局促狭小的空间，每每需要鼓劲加油的时候，我们都会认真地开玩笑："这比乔布斯和比尔·盖茨的车库好多了。"

做纪录片的人不说有多可爱，但都有一个共同点：我们不会去在意外部环境的光鲜亮丽；我们从来都不适应拥有前台的写字楼，从来不知道打卡机是怎么回事；也没有喷着香水、穿着入时、蹬着在地板上嘎嘎作响的高跟鞋的女同事……我们在那间小屋里，能想到的是，计算机的出现开启了人类生活方式的新篇章，那么，这汹涌而来的 VR 大潮，是否又是一次新的变革良机？

在 10 平方米的房间里，我奇遇到了后来的同事们，是他们构成了这次奇遇的全部。

永远风风火火的阿蓉老师，她是负责我们所有日常工作的人，她总是带一个特别沉的包，包里什么都有，好像就是一个小世界；自我学习能力超强的小雨，他的作品曾参加过阿姆斯特丹纪录片节的展映，但在这个团队里，他安静地做一名技术支持者，以后所有的技术难题，竟然都在他的自我琢磨中完美解决，这种人在我看来，太可怕了；李翔，是一个执行力超强的90后小姑娘，条理清晰，似乎可以解决任何问题；还有一些同事先闻其声，经过了一两个月的电话会议才见到本尊：加拿大的张苡芊，英国的张澜和刘航程，日本的和松……

他们都是很好的人，但有一个"讨厌"之处，就是清一色的英语都特别棒，说话中不自觉地夹杂着怪异的单词，很有范儿的样子。

人马到齐了，坐定之后，我们遇到的第一个问题是：

VR 是什么？我们接下来要做什么呢？

奇遇·奇葩

真正的故事是从一张"白纸"开始的。

当时的中国行业内，关于 VR 的声音甚嚣尘上，但是，那些都不是我们真正想看到的内容。真正的 VR 视频会通往哪里，我们充满好奇。

无疑，赵琦是这个团队的精神领袖，在传统纪实影像的经验里，他是站在山顶上的那个人。

但正是由于好奇，他重新回到山脚，回到零的状态，探索 VR 叙事的新的可能，这不是一条无人小径，但是他能如此卸下成就和包袱，像小学生一样与我们一起打量这个新技术，这种好奇心感染着团队中的每一个人。

关于我们要做什么样的事情，赵琦总是会说一些句式：

"加拉帕戈斯群岛上的巨型蜥蜴打架跟我们有什么关系？真的没有关系吗？"

"太阳每天都下山，但人们为什么要和爱人去圣托里尼看落日呢？"

"我们的生命旅程都是由一场场相遇组成的。"

"体验已知生活之外的世界,拓展认知的边界,不断完善世界观。"

这是他习惯的一种表达方式,纪录片做久了的人,总是会思考题材蕴含的意义、制作者追求的目标以及传递的理念。《奇遇》与他以往的所有作品都有所不同:没有《殇城》那种平静中蕴含的巨大力量;没有《大同》那般独特的人物视角;也没有《千锤百炼》和《归途列车》那种鲜明的人物命运感。跟以上这些屡获大奖、名声在外的作品相比,《奇遇》更像一系列的小品,轻松、新鲜,展示你我认知范围之外的另一种生活。

为此,我们经历了上百个日日夜夜,各自都具有独立审美和思考的一群年轻人和中年人,在对于要做什么这件事上,在经过不断地推出、否定、修缮之后,认知终于达成了一致,那就是放下经验和过往,重新出发,做几部让人看完之后能够发出"Wow"的小片子。

在这个过程中,我们像几个还不太擅长游泳的人,一头扎进了未知的大海。不得不承认,在赵琦带领之下,我们冲向 VR 这片波涛汹涌之海,尝到呛水的咸涩;也正是这片海,让我们拥有了呛海水的能力。

于是,接下来的时间过得紧张而充实,混杂着小心、好奇、担忧等各种情绪:

我们不知道 14 个 Gopro 拍出来的全景视频的缝合效果如何,于是在北京的大马路上、玉渊潭的公园进行测试;

我们不知道低照的成像效果如何,于是在夜晚的胡同、街边的路灯下测试;

我们不知道行驶中的感观如何,铭欢团队还特地开车到郊外尝试各种测试;

我们不知道航拍中会出现什么问题,特地从江苏请来 VR 航拍专家李骏跑到昌平测试;

我们不知道全景声会带来什么样的体验,于是请教北京、上海的各路声音专家和创新公司,还邀请音乐人朋友进行排练测试;

我们不知道水下的 VR 拍摄会出现什么问题,于是前往北京的潜水俱乐部测试,发现拍摄的画面不能缝合。时逢 360 水下摄影机 Abyss 推出,这个二十几万元的家伙,当时中国不超过 3 台。赵琦当久了制作人,非常心疼钱,但经过多次咬牙之后,从美国购得一台,专门邀请水下摄影师孙少光进行测试……

整个 4 月，5 月，6 月，我们全都在测试中度过，而这还只是其中的一部分。最让人激动的是选题会。很多同事觉得，在选题会上，突然觉得世界地图太小了：文艺的、世俗的、景观的、美食的、人文的、历史的、时尚的……有一种理由入选，很快就有 100 种理由去推翻。北京团队在案头上分析、判断和决定，海外团队在各地打爆了备选对象的电话，邮箱堆满了各种或拒绝，或欢迎的邮件。

奇遇·无处不在

真正的奇遇开始于 2016 年 6 月，这是欧洲、美国两条线路实地调研之始。

美国线很快爱上了夏威夷、红杉，心疼地割舍了独臂厨神，放弃了某个米其林三星的美食；还没有开始拍摄，就爱上了新奥尔良的爵士乐，也被红杉的伟大震撼到无以复加。欧洲线同样有得有失：放弃了心爱的德国纽博格林赛道，更改了冰岛拍摄内容，放弃了西班牙兰萨罗特岛的水下博物馆，也割舍了英格兰世界尽头的石头剧院……放弃的理由各种各样，因为入选的内容更加吸引我们，于是有了目前的《奇遇》系列。

《奇遇》的 10 个故事，代表着我们认可的 10 种主题和 10 种人生。每一个故事，尽管发生在遥远之地，但是我们希望当你看到他们时，情感却是如此之近。一种米养百种人，虽然你我性情各异，但我们相信，越是打开自己，我们会变得更加客观、理性、包容。我们认为，保持对世界的好奇心，无比重要。

我们希望，在经过一年的追求、守望和努力之后，《奇遇》能带给你一点点触动，不是诗和远方，而是在别人的故事里，与自己重逢。

最后要感谢奇遇团队的每一位成员：赵琦、张铭欢、欧大明、樊蓉、李翔、牛小雨、张苡芊、刘航诚、胡宇飞、王垚、李继顺、周天、莽海月、汤惊雷、李骏团队、孙少光、孙兆林、张澜、和松……以及所有支持者、参与者、批评者、观众和读者。

本图书是由北京出版集团有限责任公司依据与京版梅尔杜蒙（北京）文化传媒有限公司协议授权出版。

This book is published by Beijing Publishing Group Co. Ltd. (BPG) under the arrangement with BPG MAIRDUMONT Media Ltd. (BPG MD).

京版梅尔杜蒙（北京）文化传媒有限公司是由中方出版单位北京出版集团有限责任公司与德方出版单位梅尔杜蒙国际控股有限公司共同设立的中外合资公司。公司致力于成为最好的旅游内容提供者，在中国市场开展了图书出版、数字信息服务和线下服务三大业务。

BPG MD is a joint venture established by Chinese publisher BPG and German publisher MAIRDUMONT GmbH & Co. KG. The company aims to be the best travel content provider in China and creates book publications, digital information and offline services for the Chinese market.

北京出版集团有限责任公司是北京市属最大的综合性出版机构，前身为 1948 年成立的北平大众书店。经过数十年的发展，北京出版集团现已发展成为拥有多家专业出版社、杂志社和十余家子公司的大型国有文化企业。

Beijing Publishing Group Co. Ltd. is the largest municipal publishing house in Beijing, established in 1948, formerly known as Beijing Public Bookstore. After decades of development, BPG has now developed a number of book and magazine publishing houses and holds more than 10 subsidiaries of state-owned cultural enterprises.

德国梅尔杜蒙国际控股有限公司成立于 1948 年，致力于旅游信息服务业。这一家族式出版企业始终坚持关注新世界及文化的发现和探索。作为欧洲旅游信息服务的市场领导者，梅尔杜蒙公司提供丰富的旅游指南、地图、旅游门户网站、APP 应用程序以及其他相关旅游服务；拥有 Marco Polo、DUMONT、 Baedeker 等诸多市场领先的旅游信息品牌。

MAIRDUMONT GmbH & Co. KG was founded in 1948 in Germany with the passion for travelling. Discovering the world and exploring new countries and cultures has since been the focus of the still family owned publishing group. As the market leader in Europe for travel information it offers a large portfolio of travel guides, maps, travel and mobility portals, apps as well as other touristic services. It's market leading travel information brands include Marco Polo, DUMONT, and Baedeker.